BIBLIOTHÈQUE DU CINÉMA

Philippe Pilard

LE NOUVEAU CINÉMA BRITANNIQUE

1979-1988

Du même auteur

Henri-Georges Clouzot, Seghers, 1969
Télévision passive, télévision active – co. G. Gauthier, Tema, 1972
L'Angleterre et son cinéma – co. O. Barrot, Cinéma
d'aujourd'hui, 1977
Collaborateur du *Dictionnaire du Cinéma*, Larousse, 1986
Peter Greenaway – co. M. Field, D. Caux, F. de Meredieu, Dis
Voir, 1987

Remerciements

*L'auteur tient à remercier particulièrement: Barbara Dent, Tim
Brown et M. Prescott du British Council à Paris; Liz Reddish et
Michele Snapes (BFI, Londres); Caroline Audemars (LFF, Londres);
Lisa Wills et Nina Davies (AIP, Londres); Sally Kneel et Suzan
Dormer (DGGB, Londres); A. Montias (Paris); P.-H. Deleau et
J.-M. Ausseil (La Quinzaine des Réalisateurs); Stéphane Manier,
M.M. Turlik et K. Dubrovski (Londres); James Park (Londres);
Martine Jouando, Alain Bévérini, Frédéric Mitterrand (Paris).*

© FOMA – 5 Continents – CH-1020 Renens – Mars 1989
ISBN 2-218.**01952**-3   ISSN 07558-5063   ISBN 2-88003.**070**-6

Table des matières

Gandhi de Richard Attenborough.

Préface

Le cinéma anglais resta longtemps lié à des souvenirs d'adolescence, dans ce qu'elle avait de plus bourgeois, à des films que l'on projetait le dimanche dans le collège d'oratoriens où je faisais mes études, quand on était collé, ou que l'on allait voir en famille dans des cinémas luxueux, respectables (le Marbeuf, le Lord Byron, le Madeleine), au contraire des westerns et des films noirs américains que l'on découvrait, en cachette, au Napoléon, à l'Artistic Douai, au New York sans parler du Far West, du Cinéac Italiens ou du California, en séchant les cours du lycée. C'était le cinéma de la respectabilité, qui trouvait grâce, beaucoup plus que l'américain, auprès des amis de mon père, intellectuels et écrivains, à qui je n'aurais jamais osé dire que j'avais adoré **Le Réveil de la sorcière rouge**, **Quatre Etranges Cavaliers** *ou* **Les Bas-Fonds de Frisco**. *Alors, on parlait de* **Geneviève**, *du* **Mur du son** *ou de* **La Mer cruelle**. *Ce dernier film, soit dit en passant, revu récemment, tient superbement le coup.*

Cette image, je ne la remis guère en question, conforté que j'étais par le jugement lapidaire de François Truffaut. Il fallut, en 1962, le choc provoqué par la découverte de l'œuvre de Michael Powell pour que certaines préventions commencent à s'estomper, pour faire place à des interrogations, à des remises en question devant des films tels que **Millions Like Us**, **I See a Dark Stranger** *de Launder et Gilliat,* **Went the Day Well?** *de Cavalcanti,* **They Drive by Night** *d'Arthur Woods, les documentaires de Humphrey Jennings ou de Harry Watt, voire même* **Great Expectations** *de David Lean.*

Il faut dire que l'ensemble du cinéma britannique peut paraître indéchiffrable tant il repose sur des conventions, des règles, des codes de langage, de comportement qui souvent paralysent toute velléité créatrice.

«Le peuple anglais, écrit Ernest Bevin, souffre d'une pauvreté de désir.» Cette pauvreté, quand elle est profondément ressentie, soustend, nourrit, justifie des œuvres telles que **L'Homme au complet**

blanc, *la plupart des Hitchcock anglais, certains Cavalcanti,* **Kind Hearts and Coronets** *et, plus près de nous,* **Bleak Moments** *de Mike Leigh,* **Family Life** *et l'œuvre de Peter Greenaway ; mais elle fige, inhibe une grande partie des films Ealing d'après-guerre, ses drames guindés, ses comédies poussives où, à force de ne parler de rien et de ne rien se dire, on finit (adéquation parfaite entre l'ambition et la forme) par ne plus rien filmer du tout.*

On a l'impression que l'Angleterre, pour reprendre la fameuse description de George Orwell, ne se voit que comme «une grande famille où les jeunes sont étouffés, qui n'est dirigée que par des oncles irresponsables et des tantes fofolles». Mais, ajoute Orwell, «comme toute famille elle a son langage privé et partage des souvenirs communs».

On aurait même envie de renchérir : comme toute famille elle a des problèmes d'héritage, de descendance, de filiation, elle connaît les conflits d'autorité et les révoltes.

Langage commun : il n'est que de comparer Michael Powell et John Boorman. Avec ce même goût pour la fable, ce même goût pour la vision, les recherches esthétiques irréalistes (à l'Inde de studio de **Black Narcissus** *répond la rue reconstruite de* **Leo the Last** *qui lui-même renvoie au très bizarre* **A Canterbury Tale***).*

Le conte de fées émotionnel : **I Know Where I'm Going** *est finalement très proche de* **Hope and Glory***. Même langage commun entre Humphrey Jennings et Kenneth Loach : même goût pour le réalisme documentaire lyrique. Filiation : entre Cavalcanti et Karel Reisz. Entre le regard caustique de Robert Hamer (l'un des rares metteurs en scène de l'époque, avec Powell, à glisser des sous-entendus sexuels dans ses films, ce qui horrifiait Michael Balcon) et celui de Stephen Frears. Filiation entre certaines comédies prolétariennes des années trente et celles des Monty Python. (John Cleese s'est d'ailleurs associé à un metteur en scène typiquement Ealing, Charles Crichton, pour* **A Fish Called Wanda***.)*

Filiation même dans des ambitions de producteurs : entre Balcon qui voulut désespérément produire un cinéma national et David Puttnam qui tenta de le ressusciter. (On retrouve d'ailleurs chez les deux hommes la même peur devant les metteurs en scène réellement visionnaires.)

Conflits d'autorité : la révolte des «Angry Young Men» et, plus près de nous, celle de Frears, de Mike Leigh, de Peter Greenaway qui essaie de dynamiter ce monde d'oncles irresponsables et de tantes fofolles. Révolte aussi d'un producteur comme Jeremy Thomas contre l'esprit insulaire et autosatisfait dont la Rank s'était fait une carte de visite.

Voilà pourquoi un livre sur le cinéma britannique contemporain s'impose. Parce qu'il met en évidence un certain nombre de questions essentielles qui se posent toutes au présent : les problèmes d'enracinement, d'identité nationale, les rapports avec le cinéma américain. Parce qu'il montre (trop brièvement à mon gré) que ces questions ne sont pas nées d'hier, que certaines explications peuvent déjà être entrevues dès les années cinquante : par exemple, l'aventure de Korda et la manière dont il se fit absorber, digérer par Selznick, les rapports entre la Rank et le cinéma américain de l'époque, rapports qui aboutirent à la disparition complète de cette compagnie.

D'autres questions sont encore plus urgentes : «La pauvreté de désir» artistique de l'Etat, (en tout cas celui de Madame Thatcher !), l'aventure de Channel Four, etc...

Est-il besoin de rappeler que le cinéma britannique pose, par sa survie, la question de l'existence d'un cinéma national ?

Aujourd'hui, un peu partout en Europe, de nombreux films sont tournés en anglais et l'on veut nous faire croire que c'est là la condition nécessaire à leur carrière internationale. Nous savons bien, et toute l'histoire du cinéma anglais le prouve, par ses désastres, ses échecs, ses réussites (la langue anglaise n'a jamais suffi pour satisfaire le public américain), que les grands films capables de toucher un vaste public à travers le monde sont toujours enracinés.

Bref, au-delà des opinions, des goûts, des prises de position, le livre de Philippe Pilard, finalement, parle aussi de nous.

Bertrand Tavernier

APOLLINIS COLOSSO
ALTITVDINIS
ROMAM ADVECTO
ARGVMENTVM
COLLOCARVNT
CONSSS

Peter Greenaway.

« *Bring me my Bow of Burning Gold...*
Bring me my Chariot of Fire... »

William Blake
The New Jerusalem

« *Et n'oubliez pas que si vous vendez*
votre âme, il ne vous restera que
l'argent... »

Michael Powell

Streets of Crocodile des frères Quay

Un fantôme

Il y a un fantôme qui hante le cinéma britannique. Il est français. Il se nomme François Truffaut.

Quand l'auteur des **Quatre Cents Coups** affirma – peut-être étourdiment, mais ce n'était guère son genre – que les termes «cinéma» et «britannique» lui paraissaient incompatibles[1], il ne se doutait probablement pas de la profondeur de la blessure qu'il ouvrait.

En travaillant à cet ouvrage, je n'ai guère rencontré de personne – quelle que soit sa place dans le monde cinématographique – qui n'ait, à un moment ou à un autre, fait référence à l'excommunication prononcée par ce pape de la Nouvelle Vague.

La formule est restée plantée comme une banderille dans le cuir des cinéphiles britanniques : ils s'y réfèrent tantôt avec résignation, tantôt avec irritation.

Prononcée il y a plus de vingt ans, cette condamnation n'était pas, après tout, moins radicale que celles qu'avaient lancées peu avant Lindsay Anderson, Karel Reisz et autres «Jeunes Gens en colère».

Ce qu'ils dénonçaient, c'était un cinéma de studio replié sur lui-même, oublieux des leçons de l'Ecole Documentaire de Grierson et Jennings, un cinéma de l'«establishment» tournant le dos à la réalité sociale, un cinéma obsédé par la notion de divertissement, et refusant de croire à sa propre dignité.

Les estocades de Truffaut contre le cinéma d'outre-Manche n'étaient pas moindres que celles portées par lui au «cinéma de qualité» à la française.

---

1. *Hitchcock/Truffaut*, Robert Laffont 1966, Ramsay 1983, ch. 5.

S'agissait-il, pour Truffaut, de réclamer un cinéma d'«auteur», thème popularisé par *Les Cahiers du Cinéma* et par leurs épigones? C'est probable. Encore faudrait-il être prudent. On sait que certains rédacteurs des *Cahiers* étaient prêts à toutes sortes d'acrobaties intellectuelles pour baptiser «auteur», quand cela leur chantait, tel ou tel tâcheron, hollywoodien de préférence.

Il est vrai que le cinéma britannique des années trente ne fut pas un cinéma d'«auteur». La mobilisation des énergies, durant la Seconde Guerre mondiale, et l'explosion créatrice qui suivit, changèrent quelque peu les choses: des talents aussi peu contestables que ceux de Laurence Olivier, Michael Powell, David Lean, Carol Reed ou Robert Hamer étaient porteurs d'espoir.

Mais très vite, le système reprit ses droits et le cinéma britannique s'enferma durant les années cinquante dans l'académisme, le conformisme, fabrication mécanique de films industrieux, travaux d'équipes consciencieuses à défaut d'être brillantes; et ce, jusqu'à l'explosion du Free Cinema, à la charnière des années cinquante-soixante.

Un autre cinéaste de première importance, Satyajit Ray, a tenu, lui aussi, des propos sévères sur le cinéma de Grande-Bretagne: «*Je ne crois pas les Anglais spécialement doués pour la caméra*, écrit-il en 1963[1]. *Elle vous oblige à affronter la réalité, à se rapprocher des choses et des gens; alors que le tempérament anglais* (sic) *vous pousse dans le sens opposé…*» Et plus loin: «*La plupart des réalisateurs anglais… avaient très peu d'idées personnelles…*»

Ce conformisme que dénoncent tour à tour Truffaut, Ray et Anderson, n'est pas spécifiquement britannique: on en trouve maints exemples dans le cinéma français, italien ou américain de cette période. (Sans parler de notre époque!)

Hollywood est aujourd'hui encore grand pourvoyeur de navets industriels; son mérite, c'est de les faire oublier. Les producteurs britanniques, qui ont pourtant les yeux tournés vers le modèle hollywoodien, n'ont pas toujours cette habileté.

Au-delà de la provocation, la formule de Truffaut a-t-elle un sens?

Elle est gênante en ce qu'elle présuppose des talents «nationaux». Parmi une rassurante collection de clichés, on affirmera par

---

1. *Ecrits sur le cinéma* par Satyajit Ray. Ramsay/Lattès, 1982.

exemple que les Anglais n'ont de talent ni pour la musique, ni pour le cinéma. Sans parler de l'art culinaire… On affirmera aussi que les Anglais sont gens froids, mais (sic) qu'ils ont le sens de l'humour (britannique faut-il le dire). Passons…

Et de quelle Grande-Bretagne parle-t-on ? Celle de la « haute société », de la bourgeoisie ou du prolétariat ? On sait que le système de classes reste, en Grande-Bretagne, aussi contraignant que subtil.

Par ailleurs, à une époque où le mélange culturel à l'intérieur du monde anglo-saxon devient inextricable (surtout quand il s'agit de communication de masses), la problématique d'un cinéma britannique a-t-elle encore un sens ? Où finit la télévision, où commence le cinéma ? Où finit le cinéma britannique, où commence le cinéma américain ? Aujourd'hui, la distance est probablement plus courte entre Californie, Canada, Grande-Bretagne et Australie, qu'entre Londres, Paris et Rome. Et à Londres même, il faut compter avec les Indiens, Pakistanais, Jamaïcains qui ont apporté leur propre culture…

« *Entertainment* », mot magique. Le cinéma comme divertissement, comme *lieu* de divertissement.

Je n'ai pas oublié ma première expérience cinématographique outre-Manche. C'était dans les années cinquante. La famille qui m'accueillait m'avait solennellement entraîné, un dimanche après-midi, dans un cinéma chic. Chacun avait revêtu ses beaux habits…

On donnait *Kim*, dans la version violemment coloriée de Victor Saville. Un Errol Flynn enturbanné infligeait d'interminables leçons de morale à un jeune garçon qui, comme moi, n'en pouvait mais…

Je n'ai pas oublié non plus mon étonnement d'enfant devant cette salle gigantesque. A l'entrée, d'impertinents personnages galonnés guidaient la foule. Dans la pénombre, les spectateurs bavardaient, fumaient, buvaient, grignotaient des friandises, allaient et venaient, interpellaient l'ouvreuse, s'embrassaient, se pelotaient farouchement. Quelques-uns regardaient l'écran, faute de mieux, peut-être. Par comparaison, les salles parisiennes, même sur les boulevards, connaissaient un recueillement d'église…

Aujourd'hui, la cinéphilie britannique a fait des progrès. Elle ne pouvait qu'en faire. L'interdiction de fumer s'est imposée, mais la sacro-sainte confiserie, là comme ailleurs, continue de sévir…

Dans le panthéon culturel britannique, le cinéma a bien du mal à couvrir la petite place qui lui est concédée, alors que la musique, l'art lyrique, la peinture, la littérature et surtout le théâtre tiennent solidement leurs positions.

Lorsqu'on observe la rive sud de la Tamise, le South Bank, au cœur de Londres, haut lieu culturel qui regroupe salles de concerts, théâtres et musées, on ne peut ignorer ni le Royal Festival Hall, ni le Queen Elizabeth Hall, ni la Hayward Gallery, ni le National Theatre : ils occupent les meilleures places.

Le cinéma, lui, est invisible. Discret, un peu honteux peut-être : National Film Theatre et MOMI (Museum of the Moving Image) sont glissés *sous* le pont de Waterloo. Faut-il y voir un symbole ?

Un jour de l'été 1971, Michel Ciment[1] me fit rencontrer Mesdames Françoise Basch et Nicole Rougier, toutes deux professeurs à l'Institut d'Anglais Charles-V de l'université PARIS VII-Jussieu.

Il s'agissait de proposer aux étudiants de cette UER nouvellement créée, des cours de cinéma, sous la rubrique « Civilisation ». Pour sa part, Michel Ciment avait pris en charge le cinéma américain. Et j'appris que l'on recherchait quelqu'un que l'aventure « cinéma britannique » tenterait pour une année, deux au plus. J'avais été jadis « prof' d'anglais », je collaborais à des revues de cinéma, je réalisais des films pour le ministère de l'Education Nationale : j'avais le profil !…

C'était l'époque où l'Université, encore sous le coup de l'émotion des semaines de mai et juin 1968, avait décidé de se moderniser. Dans cette ouverture au monde, le cinéma figurait en bonne place ; il avait été porté aux programmes avec d'autres enseignements nouveaux. Par ailleurs, il avait été décidé de faire appel à des personnes extérieures à l'Université, dont le savoir ou l'expérience − pas nécessairement sanctionnés par une agrégation ou une thèse d'Etat ! − pouvaient apporter un ton nouveau : les chargés de cours…

Ouvrir l'Université, en direction des enseignants comme des étudiants. Vaste programme ! J'avais aussi participé à l'exaltante expérience de l'université de Vincennes… et à sa joyeuse pagaille.

Le cinéma britannique, pour un an ou deux ? Pourquoi pas ? A condition, toutefois, que les cours et les travaux dirigés soient basés sur des projections de films. Là-dessus Ciment et moi étions

---

1. Infatigable animateur de la revue *Positif*, journaliste de radio et de télévision, Michel Ciment est aussi l'auteur de nombreux ouvrages dont *Le Livre de Losey*, *Kubrick*, *Boorman*…

fermes. Que l'étude du cinéma suppose des films peut paraître une plate évidence. Pas à l'Université. Louer des copies de films, les transporter, les projeter, cela signifie un budget, une salle, du matériel, un projectionniste : beaucoup plus qu'un amphi et son tableau noir. Le miracle – car c'en est un ! – c'est que, au prix de bagarres et de pas mal d'entêtement, tout cela se soit mis en place et ait vraiment fonctionné.

Aujourd'hui, il n'existe plus guère de chargés de cours. Ce sacerdoce n'intéresse pas grand monde. Quant à l'ouverture de l'Université sur le monde, chacun jugera...

Au fil des ans, et de reconduction en reconduction, quinze ans et plus de cinéma britannique : des dizaines et des dizaines de courts et de longs métrages, des études, des articles, des festivals, des interviews sur le papier ou sur le film, et désormais de solides amitiés outre-Manche.

Mais toujours, cet étonnement amusé : « Vous vous intéressez à notre cinéma ? Vraiment ?... Quelle curieuse idée !...»

Les Anglais se sont longtemps désintéressés de leur cinéma et de son histoire. (Je ne parle pas des cinéphiles et autres mordus.) Il faudra attendre la seconde moitié des années soixante-dix, c'est-à-dire l'accès à l'expression critique d'une nouvelle génération sortie de l'enseignement supérieur, pour que paraissent de nombreux et souvent remarquables ouvrages.

L'action des festivals de films, comme le London Film Festival, ou le Festival d'Edimbourg, a aidé à cette prise de conscience ; de même que l'action de manifestations plus modestes, souvent organisées dans des villes universitaires (par exemple : « British cinema of the 70s », lors de l'Oxford International Film Festival, en 1978).

Mais il faudra l'illusion lyrique des années 1982-1984, pour que les Anglais recommencent enfin à croire à leur vocation cinématographique.

Deux livres, *Learning to Dream* (1984) et *British Cinema Now* (1985), tous deux indispensables pour bien comprendre cette période, en résument les espoirs et les craintes[1].

---

1. On pourra utilement compléter cette lecture par celle de *Money into Light* (Faber & Faber, 1985), où John Boorman tient le journal de bord de son film **La Forêt d'émeraude**. – Sur la période, cf. en Français : «Cinéma britannique : 1980» par Ph. Pilard, *La Revue du Cinéma* n° 358, fév. 1981. Dans *Positif*, les numéros 271, 272, 276, 277 et 279 parus en 1983-1984 : articles de Vincent Amiel, Michel Ciment, Jean-Pierre Jeancolas, Mark Le Fanu, Alain Masson, Hubert Niogret, Paul-Louis Thirard.

The Emerald Forest de John Boorman.

British Cinema Now est un recueil d'une douzaine d'articles regroupés sous la direction de Martin Auty et Nick Roddick. Ces articles passent en revue les principaux problèmes : rapports du cinéma britannique avec le cinéma américain, évolution du public, problèmes de financement, de production et de distribution, rapports cinéma/télévision, etc. *British Cinema Now* : cela sonne comme l'un de ces slogans politiques que l'on crie d'autant plus fort qu'on n'ignore pas que ses chances d'aboutir sont hypothétiques. L'ouvrage est très bien documenté. Le ton, souvent polémique, n'en est pas moins — déjà — désabusé.

Avec *Learning to Dream*, James Park, qui n'ignore pas pour autant les problèmes économiques et financiers du cinéma, se situe dans une perspective différente : il s'intéresse plus à la nature de l'œuvre cinématographique. Plus particulièrement, les raisons d'espérer qu'il discerne alors — il a changé d'avis depuis[1] — dans le renouveau du cinéma de son pays, se concentrent dans un nouveau type de films, détaché des contingences du « réalisme » et du « psychologisme littéraire », points forts traditionnels, au profit du cinéma de l'image, un cinéma « visionnaire », un cinéma « de poésie » qui « apprenne à rêver ». Ce cinéma, James Park en voit alors les prémices dans les œuvres de Derek Jarman, Neil Jordan et Peter Greenaway.

D'un côté, un cinéma tourné vers le réel, se réclamant souvent de la tradition des documentaires de Grierson et du Free Cinema (par exemple Stephen Frears et la nouvelle comédie noire à l'anglaise) ; de l'autre, des originaux, des marginaux, des visionnaires.

Réaffirmer l'existence d'une tradition britannique du cinéma, dans un pays dominé par la télévision et le cinéma américains n'était pas chose facile : c'est ce que tentera de faire la campagne « British Film Year » en 1984-1985. Mais, si l'on cherche à tout prix un début, tout commença, au moins pour le grand public, en 1982, et naturellement, à Los Angeles…

---

1. *The Light Brigade*, James Park (ronéoté 1986).

Jeremy Irons dans *The Mission* de Roland Joffé.

Renaissance, quelle renaissance?

La scène est désormais un morceau d'anthologie, pour ne pas dire de légende. Le 23 mars 1982, lors de la cérémonie des Oscars qui se déroule au Los Angeles Music Center, le producteur David Puttnam, le scénariste Colin Welland et le réalisateur Hugh Hudson se voient attribuer quatre récompenses pour leur film *Chariots of Fire/Les Chariots de feu*[1]. Welland s'écrie : « *The British are coming !* » Les choses n'en restent pas là. L'année suivante, le film de sir Richard Attenborough, *Gandhi*, ne rafle pas moins de huit oscars[2]. Et, dans la foulée, l'Académie couronne *A Shocking Accident*, de James Scott, meilleur court métrage de fiction.

En 1986, la Palme d'or du Festival de Cannes est attribuée à *The Mission/La Mission* (toujours David Puttnam, avec cette fois le metteur en scène Roland Joffé et le scénariste Robert Bolt). Et en 1987, à nouveau aux oscars, c'est *A Room With a View/Une chambre avec vue* de James Ivory qui reçoit trois récompenses[3].

Il ne faut sans doute pas s'exagérer l'importance des prix et autres congratulations interprofessionnelles dont le cinéma a lancé la mode. Mais un fait est indiscutable : aux yeux du monde, à travers ces distinctions, le cinéma britannique moribond est ressuscité.

L'euphorie des années 1982-1984 est donc bien compréhensible. Est-il besoin de dire qu'aujourd'hui elle n'est plus guère de mise…

---

1. Meilleur film ; meilleur scénario ; meilleurs costumes (Milena Canonero) ; meilleure musique (Vangelis Papathanassiou).

2. Meilleur film ; meilleur réalisateur ; meilleur acteur (Ben Kingsley) ; meilleur scénario (John Briley) ; meilleure photographie (Bill Williams, Ronnie Taylor) ; meilleur montage (John Bloom) ; meilleurs décors (S. Craig, Bob Laing, M. Seirton) ; meilleurs costumes (J. Mollo, Bhanu Athaiya).

3. Meilleure adaptation (Ruth Prawer Jhabvala, d'après E.M. Forster) ; meilleure direction artistique (Brian Savegar, Elio Altamura) ; meilleurs costumes (Jenny Beavan, John Bright). Ajoutons que James Ivory a reçu le Lion d'argent, pour *Maurice*, au Festival de Venise, 1987.

L'expression « renaissance » est donc généralement admise – en français comme en anglais – y compris quand il s'agit de la mettre en doute.

Dès le début des années quatre-vingt, une évidence s'impose, même au non-spécialiste ; si certains films britanniques gagnent de l'argent ou des lauriers internationaux, en revanche, en Grande-Bretagne, la fréquentation des salles poursuit sa chute vertigineuse : 96 millions en 1980, 83 en 1981, 60 en 1982...

David Puttnam, l'un des hérauts de cette renaissance, considérant la première moitié des années quatre-vingt, commente[1] : *«... Je ne serais pas surpris si, dans l'avenir, on parlait des années quatre-vingt comme d'un âge d'or du cinéma britannique. Pour nous qui vivons cette période, c'est beaucoup moins évident ! Mais il y a tout de même des choses très encourageantes, et je crois que le terme renaissance n'est pas totalement déplacé... Ces dernières années, on a vu apparaître chez nous une bonne douzaine de vrais réalisateurs : pas les gens d'un seul film, mais des gens qui continueront à travailler dans les années qui viennent ! Il n'y a rien de semblable, ni aux Etats-Unis, ni en France, ni en Australie !... Notre production n'est négligeable ni en nombre, ni en qualité : nous avons même de très très bons films ! Dans le monde du cinéma britannique, on constate la persistance d'une certaine excitation qui n'existait pas auparavant : toute la question est de garder cet élan !...»*

En France, la critique et le public vont redécouvrir les films d'outre-Manche comme des amis perdus de vue depuis longtemps : avec bonne humeur, et en se demandant où diable ils avaient pu passer.

Pour le cinéphile français du début des années quatre-vingt, le cinéma britannique se résume à quelques souvenirs anciens : les comédies des studios Ealing, **Whisky Galore / Whisky à gogo**, **Kind Hearts and Coronets / Noblesse oblige**, dont les tentatives de re-sortie ne sont pas des succès ; les films de la « nouvelle vague des années soixante », ex Free Cinema. (Un distributeur tente la réédition de **Tom Jones** : demi-échec.)

Comment s'y retrouver dans cette renaissance qui mêle des auteurs et des réalisateurs confirmés, des vétérans et des inconnus ? Comment s'y retrouver avec des vrais films américains

---

1. Interview par Philippe Pilard.

The French Lieutenant's Woman de Karel Reisz.

tournés en Angleterre, et des vrais films anglais tournés par des étrangers, sans parler des films vraiment américains tournés par des Britanniques? Le public y renoncera, c'est bien normal; la critique aussi, ça l'est moins…

Des exemples: quand Alan Parker tourne aux Etats-Unis **Shoot The Moon**, **Birdy** ou plus récemment **Angel Heart**, qui pense qu'il est Anglais, ne serait-ce que par son passeport? De même pour Tony Scott avec **Top Gun**? **The French Lieutenant's Woman/ La Maîtresse du lieutenant français** de Karel Reisz est certes plus «british» de ton, mais néanmoins financé par de l'argent américain. Que dire de films britanniques comme **Merry Christmas Mr. Lawrence/Furyo** de Nagisa Oshima, ou de **Moonlighting/Travail au noir** de Jerzy Skolimowski? **Elephant Man**, souvent perçu comme anglais par le public, en raison de son sujet et de ses acteurs, est mis en scène par l'Américain David Lynch. Quant à **Victor Victoria**, entièrement tourné à Londres, comment le qualifier? La palme, dans le genre, revenant sans conteste à la série des **James Bond**, (qui dispose d'un plateau en permanence au studio de Pinewood) et à celle des **Superman**…

«*Ce qui a permis la survie de l'industrie du cinéma en Grande-Bretagne, c'est surtout la réputation et la qualification de nos techniciens et de nos studios, ainsi que la faiblesse de la livre sterling, grâce à laquelle les films coûtent moins cher chez nous qu'en Amérique. C'est ce qui a conduit sur nos plateaux, les* **Stars War**, **Superman** *et autres* **Raiders of the Lost Ark/Les Aventuriers de l'arche perdue**…*»*, écrit sir Richard Attenborough[1].

On notera ce que sous-entend cette affirmation: l'existence d'une industrie cinématographique ne suppose pas nécessairement celle d'un cinéma national.

S'il est vrai que le cinéma britannique n'est pas aussi vaillant qu'on pourrait le souhaiter, en revanche, l'industrie britannique de l'audiovisuel se porte plutôt bien. Les studios, les laboratoires et les techniciens britanniques sont réputés, qu'il s'agisse de cinéma, d'effets spéciaux, de vidéo ou de son. Dans le domaine de la télévision, du film publicitaire, de l'animation, du vidéo-clip, l'industrie britannique a su conserver et même développer une image professionnelle que les autres pays européens peuvent lui envier. Mais il reste, par ailleurs, la question du cinéma…

Avec des films comme **Gandhi**, **Heat and Dust/Chaleur et Poussière**, ou **A Passage to India/La Route des Indes**, le public a

---

1. *A Night at the Pictures*, Columbus Books 1985.

retrouvé un genre jadis prospère remis au goût du jour, le film « colonial ». Et même si le regard d'Attenborough, celui d'Ivory et celui de David Lean ne sont pas sans différence, le genre prime le cinéaste. Il nous faut nous faire une raison : avec ou sans nostalgie, le casque colonial est redevenu à la mode. Le succès récent d'*Out of Africa* l'a confirmé. Et les productions américaines et britanniques nous promettent une nouvelle ration d'horizons lointains…

Le Kenya semble, ces temps-ci, jouir d'une certaine faveur : celui du début des années quarante avec **White Mischief/La Route de Nairobi**, réalisé par Michael Radford et basé sur une affaire judiciaire célèbre qui agita la bonne société coloniale (sujet déjà évoqué dans un film BBC **The Happy Valley** de Ross Devenish et David Reid) ; le Kenya des années cinquante et de la révolte Mau-Mau, avec **The Kitchen Toto** de Harry Hook, dont le héros est un enfant kenyan servant de domestique à une famille de colons blancs.

Quant à Richard Attenborough, il aborde courageusement le dossier de l'apartheid, avec **Cry Freedom/Le Cri de la liberté** ; faut-il rappeler qu'il avait précédemment abordé le dossier du racisme en Afrique du Sud avec **Gandhi** ?

« *Je suis originaire d'une famille universitaire "radicale", précise-t-il* [1]. *Mes parents ont lutté contre le fascisme au moment de la guerre d'Espagne, puis contre Hitler. C'est une tradition familiale, et moi, d'une certaine manière j'ai pris le relais. Les films de pur divertissement ne m'intéressent pas beaucoup. J'ai tenu à exprimer mon sentiment sur le militarisme, le racisme, le colonialisme, le système de classes. Je veux toucher un large public et ne pas me limiter aux salles "Art et Essai". Je cherche à faire un cinéma "middle of the road". Je veux m'adresser à l'homme moyen, celui qui normalement ne se serait pas posé les questions que j'aborde dans mon film. Par exemple avec* **Cry Freedom** *je veux m'adresser à des gens qui n'ont qu'une idée vague de ce qu'est l'apartheid. On m'a reproché de donner à Donald Woods une part trop importante par rapport à Steve Biko. Mais je crois d'abord qu'il appartiendra aux cinéastes noirs de faire leurs films sur leur histoire ; ensuite, je crois que parler seulement de Biko se serait soldé par une fin très pessimiste, puisque Biko est assassiné par la police. En construisant la seconde partie du film autour de l'aventure authentique de Donald Woods, je rends les spectateurs européens et américains beaucoup plus sensibles à la réalité de la vie quotidienne dans l'apartheid… Dans mon prochain film consacré au révolutionnaire Tom Paine, je resterai dans les mêmes préoccupations : avec ce personnage historique*

---

1. Interview par Philippe Pilard.

j'évoque la société de la fin du XVIIIe siècle en Grande-Bretagne, aux Etats-Unis et en France...»

En passant à la mise en scène en 1987, l'excellent chef opérateur Chris Menges (qui travailla, entre autres, pour Ken Loach et Roland Joffé), n'a pas choisi la facilité avec **A World Apart / Un monde à part**.

La scénariste Shawn Slovo y raconte sa propre histoire et celle de sa mère, Ruth First qui, dès le début des années soixante, se lança dans la lutte contre l'Apartheid et le soutien à l'A.N.C. (Ruth First mourut assassinée en 1982.)

L'action est vue par la petite fille, Molly (Jodhi May) qui a bien du mal à comprendre et à accepter l'action menée par sa mère (Barbara Hershey).

Un film émouvant et fort, destiné, comme **Cry Freedom**, à toucher le grand public, sans simplifier exagérément les diverses données de ce drame.

Avec des films comme **Britannia Hospital** de Lindsay Anderson (qui a depuis tourné **Whales of August** aux Etats-Unis), ou comme **Looks and Smiles / Regards et Sourires** de Kenneth Loach, le caractère britannique ne sera pas mis en doute. Mais quand Loach se lance dans une expérience européenne avec **Fatherland**, l'accueil est plutôt frais... Pour justifier le terme de renaissance, il faut attendre l'arrivée des films de cinéastes encore inconnus : Michael Radford, Bill Forsyth, Hugh Hudson, Peter Greenaway, Roland Joffé et quelques autres. Les premières sorties parisiennes auront lieu dans de petites salles, sans que les distributeurs y mettent une conviction très solide. Le bouche à oreille fera le succès.

Mais là encore, les choses ne se présentent pas de la même manière de part et d'autre de la Manche. Bill Forsyth rencontre un succès fort honorable en France avec **Local Hero** ; mais la sortie maladroite de **Gregory's Girl / Une fille pour Gregory** qui lui succède est un échec complet. **Chariots of Fire**, gros succès aux Etats-Unis et en Grande-Bretagne, fait une carrière moyenne en France ; en revanche, **Greystoke**, toujours de Hugh Hudson, marche fort bien.

Michael Radford défend un cinéma qui se veut intelligent : **Another Time, Another Place / Cœurs captifs**, bien que médiocrement sorti, préfigure le succès de **1984**. Quant à **The Ploughman's Lunch** de Richard Eyre (platement titré en Français **Guerres froides**), brillante comédie sarcastique sur le binôme information/politique, il passe presque inaperçu...

En revanche, avec **The Draughtsman's Contract / Meurtre dans un jardin anglais**, sans conteste le film le plus original de la période,

Gerulf Pannach dans *Fatherland* de Kenneth Loach.

Peter Greenaway devient la coqueluche du «tout-Paris intello» : succès d'estime, succès de critique, et même succès de public !

Si l'on se reporte aux chiffres, les choses se relativisent. Le gros succès britannique en ces premières années quatre-vingt, en France, c'est l'increvable **James Bond**...

Durant la saison 1985-1986, deux films bouleversent les idées reçues en matière de succès cinématographique : **My Beautiful Laundrette**, et **Letter to Brezhnev/Bons Baisers de Liverpool**.

Ces deux films évoquent sans complaisance la situation d'une certaine Grande-Bretagne contemporaine : le premier à Londres, dans la communauté pakistanaise, avec son cortège de violence, de racisme et de délits divers ; le second à Liverpool, où sévit le chômage et l'ennui. Deux films à très petits budgets, tournés sans vedette, et traitant de sujets contemporains : exactement ce que vous refuse le producteur «qui connaît le public et sait qu'il veut des vedettes et du rêve, n'est-ce pas ?».

Tourné pour la télévision par un réalisateur très solide, Stephen Frears, sur le scénario de l'Anglo-Pakistanais Hanif Kureishi, **Laundrette** est remarqué au Festival du film d'Edimbourg et ce succès d'estime va lui permettre de courir sa chance dans une exploitation cinématographique. Quant à **Letter to Brezhnev**, scénario de Frank Clark mis en scène par Chris Bernard — eux aussi formés à la télévision — il se présente comme une comédie, et avance l'idée, comme l'a écrit le critique Edward Behr : *«qu'après tout, la Russie n'est sans doute pas pire que les rives de la Mersey, pour ceux qui sont au bas de l'échelle sociale...»* [1]. Et Edward Behr demande : *«Quel patriotisme peut-on attendre pour un pays comme la Grande-Bretagne qui s'est montré si nettement incapable de résoudre ses difficultés sociales ?»* [2]

En France, **Laundrette** fait une carrière honnête. Mais **Letter** ne trouve pas son public.

Derek Malcolm, critique cinématographique du quotidien *The Guardian*, et qui fut Directeur des programmes du London Film Festival de 1983 à 1986, remarque [3] : *«Le succès de films tels que **My Beautiful Laundrette** et **Letter to Brezhnev** fait partie des raisons d'espérer : il prouve qu'un film britannique peut marcher dans son propre pays... Mais l'atmosphère générale reste chez nous peu favo-*

---

1. Cf. *Newsweek*, 25/11/1985.
2. Il existe pourtant : les «Skinheads» !
3. Interview par Philippe Pilard.

Alexandra Pigg et Peter Firth dans *A Letter to Brezhnev* de Chris Bernard.

rable aux artistes originaux qui veulent faire des films. Ce que cherche notre industrie, ce sont de bons artisans : des gens qui sachent raconter une histoire "bien ficelée", à la manière du cinéma américain... Le succès de quelqu'un comme Peter Greenaway ne doit pas créer d'illusion : ses premiers films n'ont été rendus possibles que par les subventions du British Film Institute, sur de tout petits budgets. Peut-être faudrait-il comparer Greenaway et Resnais ou Bresson, et encore !... Quelques cinéastes cherchent à sortir des sentiers battus : Greenaway donc, mais aussi des gens comme Derek Jarman ou Ken McMullen. Ce n'est pas le genre de cinéma que David Puttnam produirait, je pense... Pour ces marginaux la situation est difficile, mais je crois que c'est la même chose dans le monde entier...»

Qu'y a-t-il de commun entre tous ces films ? Assez peu de choses, en réalité.

Pour les films produits ou coproduits par Channel 4, Jeremy Isaacs impose une règle : «*Parler de la Grande-Bretagne d'aujourd'hui...*» Pour David Puttnam, il faut des films «*sans autobus rouge*» (l'expression est d'Alan Parker). Traduisez : visons un public international...

Films coloniaux évoqués plus haut, comédies sur lesquelles flotte le fantôme de Michael Balcon (**Clockwise, A Private Function/ Porc royal**) ; films «psychologiques» avec numéros d'acteurs (**The Dresser/L'Habilleur** où l'on retrouve les deux grands des années soixante, Tom Courtenay et Albert Finney ; **Betrayal/Trahisons conjugales**, avec Ben Kingsley et Jeremy Irons) ; films policiers ou d'espionnage... Rien de très nouveau. Rien de très cohérent.

«*S'il existe une renaissance du cinéma britannique*, notait le critique Chris Auty dès 1983, *elle n'est marquée par aucune cohérence esthétique...*» [1]

Pas de manifeste, pas de déclarations intempestives comme cela avait été le cas jadis pour les documentaristes regroupés autour de Grierson ou de Cavalcanti ou plus tard pour les « Jeunes Gens en colère» du Free Cinema. [2]

«*Ce qui fait défaut au cinéma britannique, à mon avis, me confie Roland Joffé, c'est une école, une famille. Nous sommes très désarmés, nous autres Anglais (contrairement à ce qui se passe en France !) quand il s'agit de trouver une idéologie, un discours commun. Chez*

---

1. *Monthly Film Bulletin*, avril 1983.
2. Cf. *Studies in documentary*, par A. Lovell & J. Hillier (Secker & Warburg, 1972). Voir aussi, *Cavalcanti à Londres* par Philippe Pilard, *La Revue du cinéma*, novembre 1983.

nous, il n'y a que des individus et les tentatives de "mouvement" ne durent pas…» [1]

Prudents, incrédules peut-être, les nouveaux cinéastes britanniques se sont méfiés des déclarations trop générales. Et la critique, dans son ensemble, a suivi cet exemple. Il faut croire que, devant le succès, chacun était trop occupé à croiser les doigts.

Il convient sans doute, à l'intérieur de cette renaissance, de ménager une place toute particulière au cinéma de James Ivory.

Toute particulière, parce que ce cinéaste américain n'a pas attendu les années quatre-vingt pour signer d'excellents films. (**Shakespeare Wallah** qui le fait connaître en 1965 est son second long métrage.) Ensuite parce que James Ivory est à maints égards un exemple tout à fait atypique. Cet auteur travaille depuis vingt-cinq ans (qui dit mieux?) avec la même équipe: la scénariste Ruth Prawer Jhabvala et le producteur Ismail Merchant[2].

Le seul rappel de quelques titres sur la période qui nous intéresse définit l'étendue du terrain exploré par cet étonnant trio: **The Europeans/Les Européens** d'après H. James (1979), **Jane Austen in Manhattan** (1980), **Quartet** d'après Jean Rhys (1981), **Heat and Dust** (1982), à nouveau H. James pour **The Bostonians/Les Bostoniennes** (1984); **A Room With a View** (1986) et **Maurice** (1987) tous deux d'après E.M. Forster.

A eux trois, Ivory, Prawer Jhabvala et Merchant présentent un très rare exemple de continuité, de probité, de réussite professionnelle et artistique, à l'intérieur d'un champ culturel qui va des Etats-Unis à l'Inde en passant par l'Europe. Travail d'équipe qui fait dire à James Ivory: «*J'ai le sentiment que* **The Europeans** *est le film de Ruth,* **Heat and Dust** *celui d'Ismail et* **Quartet** *le mien…*» On attend avec intérêt **Madame Souzatska**, le film tourné par John Schlesinger, sur un scénario de Ruth Prawer Jhabvala, avec Shirley McLaine dans le rôle titre.

Ivory n'ignore pas qu'on le classe parmi les auteurs «culturels» (épithète qu'une certaine presse semble trouver infâmante) et n'en a pas honte. «*J'appartiens à une génération d'Américains qui a reçu une éducation où primaient les valeurs européennes, la culture européenne. De mon temps, un voyage en Europe, c'était très important pour un jeune Américain. Puis est venu un temps où les jeunes sont allés chercher leurs valeurs plus loin, aux Indes notamment: certains ne s'arrêtaient plus en Europe que pour faire*

---

1. Interview par Philippe Pilard.
2. Cf. **The Wandering Company**, par John Pym. (BFI/MOMA, 1983.)

étape, d'autres s'y rendaient directement… A présent, j'ai l'impression, à tort ou à raison, que les jeunes Américains ne s'intéressent plus à l'étranger, quel qu'il soit… Ils ne s'intéressent pas non plus à leur pays, je veux dire au passé de leur pays. Même ceux qui sont allés à l'Université. On a l'impression qu'ils ne vivent qu'au présent, et le reste du monde, ils s'en fichent complètement. Sur le plan culturel et politique, c'est terrible…»[1]

C'est pourtant **A Room With a View** qui a fait connaître James Ivory au grand public américain. Immense succès de public et de recettes : au moins soixante millions de dollars pour un investissement de trois millions ! La légende veut déjà qu'un responsable d'un studio hollywoodien ait téléphoné à Londres pour proposer à Merchant un *« Room With a View 2 »* ! *« On m'a dit,* soupire Ivory, *que des touristes américains viennent à Florence et demandent à voir où a été tourné le film…»*

Une certaine critique reproche à Ivory sa «froideur» et son «goût d'antiquaire», qualités anglaises bien connues… Ivory est certes l'homme d'un cinéma classique. Cela ne l'empêche nullement d'être l'observateur caustique et passionné des personnages et de la société qu'il peint. Ce n'est pas par hasard s'il se situe dans la lignée d'auteurs tels que Jane Austen, Henry James ou E.M. Forster. Là aussi, l'observateur superficiel verra une froideur : sous le poli de la forme se cachent violences, passions, affrontements.

Admirable directeur et découvreur d'acteurs, Ivory est l'homme qui peut à la fois donner leurs meilleurs rôles à Maggie Smith, Isabelle Adjani, Alan Bates, Julie Christie ou Sashi Kapoor, et remplir une salle en utilisant des inconnus — qui ne le restent pas longtemps — dans des premiers rôles.

Ivory sait à merveille décrire le monde anglo-saxon dans toutes ses subtilités. Certains, en Grande-Bretagne, lui reprochent même une image «plus anglaise que nature», une sorte de «produit d'exportation».

L'un des points forts d'Ivory, c'est l'attention qu'il porte aux voix, aux dictions, aux accents. *«J'ai la chance d'avoir une très bonne oreille pour les accents, que ce soit en Angleterre ou aux Etats-Unis… En Angleterre, l'accent, c'est tout ! C'est l'élément primordial de la structure sociale… En Amérique, qui est théoriquement une société sans classes, l'accent ne compte pas, nous dit-on… Peut-être qu'en tant qu'Américain appartenant à une société sans classes, le système anglais me fascine plus… Je suis un peu comme un anthropologue : je*

---

1. Interview par Philippe Pilard.

rends visite aux "indigènes", je les regarde, les écoute… Il y a des choses qui m'intéressent et qui n'intéresseraient pas un Anglais, parce qu'il les trouve normales…» [1]

Ce qui marque déjà dans nos mémoires, c'est l'apparition d'une pléiade de nouveaux visages, de nouveaux talents, de comédiens souvent éblouissants : Jonathan Pryce, Jeremy Irons, Rupert Everett, Bob Hoskins, Daniel Day Lewis, par exemple ; et aussi Stephen Rea, Anthony Higgins, Christopher Cazenove, Colin Firth, Gabriel Byrne, Tom Conti, Charles Dance, Gary Oldman, James Wilby, Hugh Grant, Julian Sands, Rupert Graves, Alfred Molina, qui ont réussi en quelques films à rejoindre leurs aînés de tout premier plan comme Alan Bates, John Hurt, Ben Kingsley, Ian Holm, Edward Fox, Anthony Hopkins ou Denholm Elliott.

Et chez les dames, Helen Mirren, Greta Scacchi, Phyllis Logan, Pippa Guard, Frances Barber, Helena Bonham-Carter, Chloe Webb dont le talent vient s'ajouter à celui de Vanessa Redgrave, Maggie Smith, Glenda Jackson, Sarah Miles, Julie Christie, sans parler de la merveilleuse Peggy Ashcroft…

Prodigieux rassemblement de talents divers et accomplis, prodigieuse palette qui va de John Gielgud et Laurence Olivier à l'équipe qui fut celle du **Monty Python, Flying Circus**, John Cleese, Michael Palin, Terry Jones, sans oublier des comédiens indiens comme Madhur Jaffrey ou Saeed Jaffrey…

Nourrie par un théâtre dont l'activité et l'innovation ne se démentent pas, ainsi que par une télévision dont les programmes restent, dans leur ensemble, d'un niveau que le reste du monde peut leur envier, la grande lignée des comédiens britanniques se maintient et se renouvelle. Quel autre pays — notamment en Europe — peut s'enorgueillir d'un capital aussi précieux ?

Autre point fort de ce nouveau cinéma britannique : les scénaristes. Cela n'est pas véritablement un fait nouveau. Le cinéma britannique a toujours exploité une veine littéraire et théâtrale importante : trop importante peut-être. La mise en images d'œuvres romanesques ou de succès de la scène a souvent été la solution frileuse d'une certaine production qui ne brillait ni par l'imagination ni par le goût du risque.

N'a-t-on pas vu, il y a quelques années, une production qui se présentait comme «*the film from the musical from the play from the book*» ? Il s'agissait d'**Oliver**, film mis en scène par Carol Reed, et œuvre estimable par ailleurs.

---

1. Interview par Philippe Pilard.

Nous n'entrerons pas ici dans la querelle qui fait long feu en France sur la question du scénario. Penchés sur le malade-cinéma, un certain nombre de nos Diafoirus ont diagnostiqué, solennellement, une carence scénaristique. D'autres affirmeront que cette carence est elle-même due à la crise du cinéma…

Si l'on examine la situation outre-Manche, on constate que la qualité du scénario britannique passe par le théâtre et la télévision. Avec la crise économique et la politique libérale pratiquée ces dernières années, la création théâtrale s'est ralentie en Grande-Bretagne, mais elle reste marquante. Quant à la télévision, qu'il s'agisse de BBC ou de ITV, la politique des œuvres originales ne s'est pas démentie. Et l'on sait ce que nombre d'auteurs découverts par la télévision (Harold Pinter, Tom Stoppard, David Mercer, etc.) ont

Caravaggio de Derek Jarman.

apporté au cinéma. Il en va de même pour un grand nombre des nouveaux auteurs: David Hare, Ian McEwan, Stephen Poliakoff, Alan Bleasdale, David Leland, Hanif Kureishi, sans parler de ceux dont la réputation est établie depuis plus longtemps, tels que Colin Welland, Denis Potter, Alan Bennett, Barry Hines, Jim Allen, Trevor Griffiths, etc. Tour à tour romanciers ou auteurs dramatiques, scénaristes de télévision ou de cinéma, puisant dans des expériences différentes et adoptant des tons et des styles différents, ces auteurs fournissent un matériau dramatique solide et efficace.

Il existe en Grande-Bretagne, depuis 1976, un système d'aide à l'écriture de scénarios de cinéma, créé et financé par les pouvoirs publics: NFDF (National Film Development Fund). Ce fonds d'aide, actuellement dirigé par Adrian Hodges, dispose d'un budget annuel de 500 000 £. dont les deux tiers vont à des projets de films de long métrage, et le reste au court métrage. Après examen des synopsis, des commissions attribuent des prêts pour l'écriture et pour certaines dépenses de pré-production. NFDF aide ainsi une vingtaine de projets par an. D'abord autonome, puis rattaché à NFFC, NFDF l'est aujourd'hui à British Screen, tout en restant indépendant dans son fonctionnement. Parmi les films récents qui ont bénéficié de cette aide: *Defence of the Realm*, *Another Country*, *Absolute Beginners*, *Eat the Peach*, *Dance With a Stranger*, *A Room With a View*, *Sour Sweet*, etc.

Fait relativement nouveau: l'apparition d'auteurs complets, écrivant scénario et dialogues et assurant la mise en scène de leurs films, Bill Forsyth, Karl Francis, Neil Jordan, David Leland par exemple. Parmi ces auteurs, des originaux comme Derek Jarman, Bill Douglas, Terence Davies *(Distant Voices)* ou Peter Greenaway, se situent délibérément en dehors de la production traditionnelle par le choix des thèmes et de la forme de leurs films: Derek Jarman avec *Caravaggio* et *The Last of England*, Bill Douglas avec son épopée prolétarienne *Comrades*, et Peter Greenaway, le plus connu en France, avec sa production récente, *The Belly of an Architect/ Le Ventre de l'architecte* et *Drowning by Numbers*. Remarquons que ces trois cinéastes sont, par ailleurs, peintres.

Une chose est certaine: là comme ailleurs, si le cinéma ne va pas très fort, ce n'est pas faute de talents...

David Puttnam.

The Puttnam touch

Chariots of Fire est le film clef de la renaissance. C'est son succès qui fait de David Puttnam la figure publique, emblématique — et parfois controversée — du renouveau cinématographique britannique.

Formé par le monde de la publicité — comme Daniel Toscan du Plantier qui fut, en France, à peu près à la même époque le «*wonder boy*» de la Gaumont — David Puttnam vient à la production de films en 1969.

En 1976, il fonde Enigma Productions et dans la période 1976-1979, il coproduit aux Etats-Unis plusieurs films pour Casablanca Records & Film Works. Il ne semble pas avoir gardé un excellent souvenir de cette période. C'est pourtant là qu'il observera le système américain de l'intérieur, qu'il connaîtra ses premiers succès, notamment avec Alan Parker, et prendra conscience des chances qu'un film britannique peut avoir sur un marché pratiquant un protectionnisme de fait.

Dès cette époque, Puttnam se veut plus qu'un financier, plus qu'un technicien de la production. Il se veut au centre du processus de conception et de fabrication : «*producteur créatif*», ou, comme il dit lui-même de Michael Balcon «*moins qu'un "Mogul" mais plus qu'un producteur exécutif*»...

En toutes occasions, Puttnam ne manque pas de se référer à la figure quasi paternelle de Michael Balcon (1896-1977).

Lorsqu'une rétrospective du cinéma britannique est organisée au Museum of Modern Art de New York en 1984, une large part en est consacrée à Balcon, et, dans l'hommage qu'il écrit à cette occasion, Puttnam déclare : «*Un des grands moments de ma vie a été de recevoir la décoration "Michael Balcon Award" pour services rendus au cinéma britannique; et l'un des plus tristes, de présenter* **Chariots of Fire** *sans l'avoir près de moi pour en partager la joie et le succès. J'aime penser que* **Chariots** *est un film que Mick aurait apprécié sans réserve...*» Et plus loin : « *(Sir Michael) m'a convaincu par l'exemple*

*que l'on peut sauvegarder son orgueil dans une industrie volontiers clin-
quante et que l'on peut y réussir en préservant son goût et le sens de sa
dignité...»* [1]

Il serait erroné de voir dans les déclarations de Puttnam à la
mémoire de Balcon un simple hommage de convenance. J'ai la
conviction de la sincérité absolue de ces propos: pour Puttnam, il
s'agit de renouer avec l'esprit et l'action d'un homme qui incarna, à
sa manière, une certaine forme de réussite cinématographique, en
particulier outre-Atlantique.

Peut-être convient-il également d'aller un peu plus loin dans
ce parallèle Balcon-Puttnam. L'un et l'autre sont, à leur manière, des
moralistes soucieux de promouvoir par leur production une
certaine idée de la Grande-Bretagne. Ou, selon la formule de
Balcon, *«Projecting Britain»*.

L'un et l'autre ont voulu constituer des équipes, et sans doute
reconstituer cet univers si cher à l'imaginaire anglo-saxon: le
«college» et ses *«good old boys»* œuvrant sous la férule impartiale
et bienveillante du head-master.

On peut dès lors se poser deux fois la même question: pourquoi cette réticence à l'égard de cinéastes un peu trop dérangeants?
Pourquoi Balcon n'a-t-il jamais produit de film de Michael Powell et
pourquoi Puttnam a-t-il, au moins jusqu'ici, renâclé devant les
projets de John Boorman?

La production de **Chariots of Fire** est une aventure — comme
c'est le cas de la plupart des films de cinéma! — qui pourrait fournir
la base d'un scénario, une *«success story»* qui ne déparerait pas le
portefeuille de la société Enigma.

Puttnam choisit l'aventure — authentique — des coureurs
britanniques Harold Abrahams et Eric Lidell, vainqueurs aux Jeux
olympiques de Paris, en 1924, pour un film qui sera longtemps titré
«The Olympic Project» [2].

Puttnam s'est mis en tête de produire un sujet qui soit *«britannique sans fausse honte»* et fasse appel à un système de valeurs, lui
aussi sans fausse honte: respect de la religion et du patriotisme, goût
de l'effort individuel, avec une pointe de nostalgie pour l'idéal
olympique du bon vieux temps. Par ailleurs, il compte sur les Jeux
olympiques qui doivent se tenir à Moscou en juillet-août 1980, pour
aider à monter le projet.

---

1. *Michael Balcon: The Pursuit of British Cinema* par G. Brown et L. Kardish
(MOMA, 1984).
2. Cf. *AIP & C°* n° 35, nov.-déc. 1981.

Pour écrire le film dont il rêve, Puttnam engage Colin Welland, scénariste expérimenté, et spécialiste en «sujets british». (C'est lui qui a écrit le film de Schlesinger, injustement sous-estimé en France, *Yanks*.) La préparation du scénario commence au milieu de l'année 1978, grâce à un pré-financement assuré par la société Goldcrest. Durant un an, Welland travaillera à la première version du script: exploration des documents d'époque, interviews des sportifs qui vécurent ces olympiades, rencontre avec la famille des deux héros, etc.

Puttnam décide de confier la réalisation du film à Hugh Hudson qui, à l'époque, a une réputation dans le domaine du film publicitaire, mais n'a jamais dirigé de long métrage. (Précédemment, Puttnam avait fait un choix semblable avec Alan Parker.) Par ailleurs, il a la conviction que les principaux rôles doivent être confiés à des acteurs nouveaux venus et non à des stars.

Puttnam fait le tour des grosses sociétés de distribution et de financement. On repousse son projet, jugé trop britannique par les Américains, mais aussi par… Rank!, De plus, son sujet ne dispose ni de stars, ni de metteur en scène expérimenté. Les télévisions sont aussi contactées: trop cher! (Le budget prévisionnel s'élève à deux millions de livres.)

Finalement, l'obstination de Puttnam sera récompensée: un accord est conclu en février 1980 avec l'Américain Sandy Lieberman de 20th Century-Fox, la société Allied Stars du milliardaire égyptien Dodi Fayed, et grâce à l'intervention du Canadien Jack Eberts de Goldcrest. Ce film 100% britannique avait décidément bien besoin du reste du monde…

Après des centaines d'auditions et de bouts d'essai, et en accord avec les financiers, le rôle de Harold Abrahams est confié à Ben Cross et celui d'Eric Lidell à Ian Charleson. Le film sera tourné durant l'été 1980, en dix semaines, aux quatre coins du pays: Ecosse, Liverpool, York, Londres. Le budget initial sera dépassé de 700 000 livres.

Pour le lancement du film, Puttnam fait appel à tout son savoir-faire publicitaire. Il refuse la routine de la sortie traditionnelle et fabrique un événement. Le film est présenté à la prestigieuse Royal Film Performance, puis dans les villes où le tournage a eu lieu; enfin, le film est montré à Londres.

Puttnam fait fabriquer une bande-annonce dont le commentaire affirme péremptoirement que *Chariots of Fire* se situe dans la lignée des grands succès britanniques de naguère: *Brief Encounter/ Brève Rencontre*, *The Third Man/Le Troisième Homme*, *Oliver*,

Lawrence of Arabia/Lawrence d'Arabie, *Henry The Fifth/Henri V*. Pas moins. « *Un film britannique sur des héros britanniques!* » C'est un succès. *Chariots of Fire* rapportera quelque cent dix millions de dollars.

Que nous raconte *Chariots of Fire* ? C'est l'histoire de deux jeunes champions de course à pied. L'un, étudiant à Cambridge, est juif et court pour « prendre une revanche » ; l'autre, pasteur par vocation − et Ecossais − court « pour honorer Dieu ». Tous deux, en dépit de difficultés diverses, rapporteront les médailles d'or de l'olympiade de 1924[1].

Le film se situe donc dans la tradition de la « *bio-epic* » (biographie épique) et de la « *success story* » amplement exploitées par le cinéma. Les héros sont sympathiques : ce sont des gagneurs qui, par le sport, parviennent à se dépasser et à dépasser les contradictions − le racisme par exemple − de leur société. Les institutions, l'establishment y sont évoqués avec un savant dosage de critique et d'admiration. Cambridge, c'est Cambridge : on y forme bel et bien les élites, même quand celles-ci sont quelque peu remuantes ! « *Bizarre mélange de rhétorique contre l'establishment et de panégyrique des traditions britanniques* », résume le critique James Park[2].

La mise en scène de Hugh Hudson, la mise en lumière de David Watkin et la musique de Vangelis Papathanassiou amplifient la thématique euphorisante du film que résume la célèbre séquence d'entraînement au bord de la mer, où nos braves jeunes gens courent au ralenti sur la plage.

Un certain public retrouve avec ravissement l'esthétique suspecte que la publicité lui vend subrepticement à longueur d'antenne...[3]

Qui niera l'admirable flair de David Puttnam ? Le succès de *Chariots of Fire* prouve, s'il en était besoin, la qualité médiumnique que peuvent avoir certaines œuvres par rapport à la période qui les voit naître. L'historien du futur ne pourra pas éviter *Chariots of Fire* pour étudier le début des années quatre-vingt en Grande-Bretagne : il y retrouvera un certain air du temps. A peine le film aura-t-il raflé ses oscars que la Grande-Bretagne entre en guerre contre l'Argentine, à propos de l'affaire des Malouines.

---

1. Le film de l'Australien Peter Weir, *Gallipoli*, est à peu près contemporain de *Chariots of Fire*, et utilise peu ou prou le même schéma narratif. (Deux garçons, fervents de course à pied, trouvent la mort durant la Grande Guerre.)

2. *Learning to Dream*, par James Park.

3. *Duellists/Les Duellistes*, le premier long métrage de Ridley Scott, lui aussi produit par Puttnam, est truffé (sic), dans ses séquences périgourdines, de plans que les marchands de foie gras ont dû accueillir avec gratitude...

Burt Lancaster dans *Local Hero* de Bill Forsyth.

De nombreux critiques ont vu dans ce film l'apologie du nouveau conservatisme mis en œuvre par Madame Thatcher et son gouvernement. C'est sans doute excessif. *Chariots* n'est pas un film de propagande, c'est un film symptôme.

«*Un rêve de la Grande-Bretagne, de la même manière que* **The Great Gatsby** *est un rêve de l'Amérique*», écrivait fort justement un critique[1].

Et Puttnam lui-même déclarait: « (On) *me dit que* **Chariots of Fire** *est cocardier. Je ne le crois pas. Je crois que c'est un film qui traite de la victoire de l'individu sur l'Etat...*»[2]

L'un des mérites de **Chariots of Fire**, et non des moindres, sera d'apporter la preuve qu'un sujet britannique peut intéresser un large public hors du Royaume-Uni, et notamment aux Etats-Unis.

Les cinéastes qui se voulaient enracinés en prendront bonne note. Ce sera par exemple le cas de Bill Forsyth pour **Local Hero**. Forsyth n'avait pas attendu le succès du premier long métrage de Hugh Hudson pour écrire et réaliser des films situés dans son Ecosse natale. Avec **That Sinking Feeling**, sans vedette, et avec un budget minuscule, il avait réussi à tracer le portrait de jeunes chômeurs à Glasgow. Tour de force qu'il renouvelle avec **Gregory's Girl**, chronique de la vie d'un lycée perturbé par la présence dans l'équipe de football d'une nouvelle recrue: une jeune fille. Ces deux films à l'humour pudique avaient attiré l'attention sur Forsyth qui déclarait: «*Si un film n'est pas provincial, il n'est de nulle part!*»[3]

La légende veut que ce soit après avoir revu **Whisky Galore** (scénario de Angus MacPhail et Compton Mackenzie d'après le roman de ce dernier; réalisation d'Alexander Mackendrick, 1949) — toujours Balcon! — que Puttnam ait lancé Forsyth sur le sujet de **Local Hero**.

Il en résultera un film presque trop habile à intégrer des préoccupations écossaises et américaines. Mais, après tout, l'exploitation du pétrole sur les côtes écossaises est une réalité, et l'on sait que les pétroliers texans ne sont jamais longtemps absents lorsqu'on renifle quelque part l'odeur du brut...

---

1. *Monthly Film Bulletin*, mai 1981, article de J. Imeson.
2. Cité par Sheila Johnston dans son brillant article du recueil *British Cinema Now*.
3. Cf. *Sight and Sound*, automne 1981.

Relativement plus audacieuse sera la production de *Cal*, d'après le roman de Bernard Mac Laverty[1]. Là encore, c'est Puttnam qui lance l'opération.

La guerre de l'Ulster est un sujet que le cinéma et la télévision britanniques ne peuvent ignorer totalement, mais qu'ils traitent le plus souvent, comme l'on dit, avec des pincettes. Le lecteur français qui a en mémoire la curieuse myopie de la télévision et du cinéma français durant la guerre d'Algérie sait de quoi il retourne.

Cal, réalisé par l'Irlandais Pat O'Connor, raconte les amours impossibles d'un jeune provocateur (John Lynch) et de la femme d'un policier (Helen Mirren). Le film se concentre sur le jeune homme, clandestin d'occasion, chômeur, paumé complet. L'aventure individuelle prime l'aventure collective. Ceux qui critiquent le film verront dans l'histoire d'amour un moyen de dissimuler la guerre et ses motivations.

Avec *The Killing Fields / La Déchirure* (scénario de Bruce Robinson) puis avec *The Mission* (scénario de Robert Bolt), deux films réalisés par Roland Joffé — qui jusque-là était connu comme metteur en scène de théâtre et réalisateur de télévision engagé — Puttnam fait, une fois de plus, preuve de flair.

Il a compris qu'un certain public — qui fera également le succès de *Under Fire* de l'Américain R. Spottiswood et de *L'Année de tous les dangers* de l'Australien P. Weir — veut du film d'aventures, mais du film d'aventures avec un contenu. (Le contraire de *The Temple of Doom / Indiana Jones et le temple maudit*, si l'on veut!)

Il s'agit de s'appuyer sur une réalité historique, lointaine ou contemporaine, et de la traiter avec la conviction que le spectateur, même jeune, n'est pas nécessairement un bipède infantile et sous-informé…

Si *The Killing Fields* exploite le filon très fréquenté du « journalisme héroïque », *The Mission* fait appel à l'Histoire, ou plutôt à ses pages oubliées. Puttnam a été à l'origine de *The Killing Fields* ; après la lecture de l'article de Sydney Schauberg, paru dans le *New York Times Magazine* en 1980, c'est lui qui lance Robinson sur le sujet. Mais c'est le producteur italien Fernando Ghia — lui-même enthousiasmé par un article paru dans *Time* — qui lui propose le scénario écrit par Robert Bolt en 1973.

---

1. Un autre roman de B. Mac Laverty a été porté à l'écran : *Lamb* (1985) réalisé par l'excellent Colin Gregg, à qui l'on doit également une belle adaptation de Virginia Woolf, *To the Lighthouse* (BBC, 1983).

Roland Joffé et Robert De Niro pendant le tournage de **The Mission**.

Remarquons au passage que le thème central est identique dans les deux films : comment des populations innocentes – vivant au Cambodge ou dans la forêt amazonienne – sont entraînées dans la destruction par des idéologies et des préoccupations politiques venues d'Europe, et qui leur sont totalement étrangères.

« Je n'ai pas eu du tout l'impression de traiter une question exotique, déclare Roland Joffé. Je crois que nous vivons dans un monde qui, en dépit des apparences, est très petit : la Terre est un vaisseau spatial ! S'il y a parfois une distance très importante entre les cultures, en revanche, particulièrement à notre époque, la pression économique et politique nous rapproche, que nous le voulions ou non… Avec **The Mission**, *même si l'action est située au XVIIIe siècle, je crois que j'ai développé les mêmes idées que dans* **The Killing Fields**. *Avec cette*

histoire de jésuites en Amérique du Sud, nous n'avons eu aucun effort à faire pour retrouver des problèmes contemporains : la théologie de la libération, le rôle des prêtres dans la lutte sociale, sans parler de ce qui se passe en Amérique centrale, notamment au Nicaragua...»[1]

On peut penser, toutefois, que le scénario que Robert Bolt avait écrit au début des années soixante-dix, à la demande de Fernando Ghia, aurait gagné à être porté à l'écran à cette époque. L'originalité relative du propos aurait été plus clairement perçue.

Il reste que l'image qui nous est donnée des Indiens pêche par angélisme («*Je sais bien*, dit Robert Bolt, *je voulais d'autres choses, j'avais d'autres scènes, mais ça s'est perdu...*»[2]), sans parler du bon colonialisme incarné par le personnage du père Gabriel (Jeremy Irons).

A peu près à la même époque, Enigma reprend le thème de la raison d'Etat, appliqué cette fois à la Grande-Bretagne contemporaine, avec la production de **Defence of the Realm** (scénario de Martin Stellman, mis en scène par David Drury), où l'on s'accorde à voir le premier thriller politique du cinéma britannique.

Le film raconte l'histoire d'un journaliste d'investigation qui, au cours d'une enquête de routine, découvre une manipulation politique impliquant la grande presse et les services secrets, et dont l'une des premières victimes est un député de l'opposition, ancien ministre de la Défense, accusé d'être à la solde du KGB...

«*Il y a eu ces derniers temps, chez nous, plusieurs affaires qui auraient pu alimenter le scénario : je crois que c'est l'une des raisons du succès du film, dit David Drury. Le public a senti que nous visions juste.* **Defence of the Realm** *est une tentative pour équilibrer le film de divertissement et le film politique. On y aborde des questions qui concernent la plupart des pays : la manipulation de l'information, le terrorisme d'Etat, toutes les formes d'oppression qui peuvent peser sur l'individu, au nom de la raison d'Etat...*»[1]

Les auteurs ne font pas mystère de leur admiration pour le cinéma de Costa-Gavras, et surtout pour **Cadavres exquis** de Francesco Rosi.

Lynda Myles, coproductrice du film, précise : «*En Grande-Bretagne, il est plus facile de monter la production d'un film quand le sujet traite des années trente, du passé colonial, ou du "bon vieux temps aux Indes", plutôt que de parler des problèmes d'aujourd'hui. Je*

1. Interview par Philippe Pilard.
2. Chris Peachment, *Time Out*, 22/10/1986.

trouve que beaucoup trop de films britanniques sont inoffensifs : ils ne prennent pas position, ils ne dérangent personne ! … Je ne veux pas dire qu'il faut faire uniquement des films engagés ou politiques. Il faut des **Chariots of Fire** *! Mais il ne faut pas oublier la réalité que nous vivons chaque jour ! …»* [1]

Lynda Myles est l'une des découvertes de David Puttnam, qui se pique de repérer des talents non seulement en matière de scénario ou de mise en scène, mais aussi en matière de production.

Découverte toute relative d'ailleurs, car lorsqu'elle commencera à travailler pour Enigma, Lynda Myles a déjà mené une carrière remarquable. Cette jeune Ecossaise, cinéphile assidue (ce n'est pas si fréquent dans les métiers cinématographiques !), ancienne étudiante en philosophie, a été l'organisatrice, pendant plusieurs années, du Festival du Film d'Edimbourg. Admiratrice fervente d'Henri Langlois et supporter de la Cinémathèque française, elle a travaillé à l'université de Californie (Pacific Film Archive) [2], puis pour Channel 4. Elle deviendra ensuite responsable des «opérations européennes» pour David Puttnam. Elle est aujourd'hui conseillère pour BSB (British Satellite Broadcasting).

Avec le triomphe national et international de **Chariots of Fire**, puis avec ceux qui suivent, dirigeant une entreprise à succès — et qui jouit, dit-on, d'un accord préférentiel avec Warner — David Puttnam est devenu en quelques années l'homme providentiel du cinéma britannique. Tout le monde le dit, et il ne dément pas.

A sa manière, il est la principale star de sa production : sourire, cordialité, barbiche, à mi-chemin entre Paul McCartney et Léon Trotski. Infatigable, courtois, volubile, toujours prêt à donner une interview, à paraître à la télévision, il est le propagandiste numéro un du cinéma britannique. De *son* cinéma britannique, ajoutent ses détracteurs…

Très attaché à constituer des équipes, sachant s'entourer, sachant aussi faire oublier ses échecs (car il en connaît !), ce bourreau de travail est partout : à British Film Year, à National Film and Television School, à Londres, à Cannes, à Los Angeles…

On lui reproche d'ailleurs souvent de produire des films «mid-Atlantic» visant au moins autant le marché américain que le marché européen.

«Il est un peu trop facile d'accuser autrui de ses propres insuffisances, dit-il. Par exemple, la domination américaine ! Le public ne

---

1. Interview par Philippe Pilard.
2. Elle a aussi écrit *The Movie Brats*, avec Michael Pye (Faber & Faber, 1979).

Chariots of Fire de Hugh Hudson

se préoccupe pas de savoir si un film est anglais, français ou suédois : ce qu'il veut, ce sont de bons films ! Et quand nous faisons de bons films, nous pouvons surpasser les Américains !... Pour les Européens, c'est cela le "défi américain" !... C'est très stimulant !... Je sais que cela fait un peu ridicule, mais je crois que les gens qui font des films doivent se considérer comme des citoyens du monde. Ce qui ne veut pas dire qu'il faut faire n'importe quoi pour être international. L'un des plus beaux films de Bergman, pour moi, c'est **Fanny et Alexandre**. *En le voyant, j'ai eu l'impression de retrouver ma famille. Et je n'ai rien de suédois... C'est un grand film qui touche un large public : c'est cela qui compte, et non sa nationalité ! Il ne viendrait à l'idée de personne de parler des opéras de Mozart comme d'une musique autrichienne...»*[1]

Durant l'hiver 1985-1986, Puttnam annonce son intention de prendre une année sabbatique. Il veut, dit-il, prendre du recul. Il est même question qu'il s'inscrive à l'université de Harvard, et qu'il y suive des cours de philosophie.

Mais en juin 1986, une nouvelle fait la une des journaux professionnels : la société Columbia (achetée par Coca-Cola en 1982) propose à David Puttnam de diriger sa production : douze à quinze longs métrages par an, un budget annuel de quelque deux cents millions de dollars. Quelques semaines plus tard, Puttnam boucle ses valises − avec, précisent les gazettes, un contrat garantissant un salaire annuel de deux millions de dollars sur trois ans et demi − pour Los Angeles.

«*Pourquoi diable*, se demande un journaliste[2], *Puttnam abandonne-t-il les avantages de l'indépendance... pour l'équivalent moderne du rôle de Premier ministre à la cour des Borgia ?*»

«*J'espère faire des films qui seront humanistes sans être sentimentaux, et commerciaux sans être condescendants...*», répond Puttnam, en souriant dans sa barbe.

Dans le portefeuille hollywoodien de Puttnam, on trouve **Housekeeping** de Bill Douglas, **Stars and Bars** de Pat O'Connor, **The Adventures of Baron Münchhausen** de Terry Gilliam, **To Kill a Priest** (Agneska Holland) et **The Last Emperor** tourné par Bernardo Bertolucci avec le producteur anglais Jeremy Thomas. Il est question d'un scénario écrit par Stanley Kramer (à partir de l'affaire de Tchernobyl), d'un scénario sur Benigno Aquino et de projets avec Roland Joffé, John Boorman, Kenneth Loach. Il y a aussi des discus-

---

1. Interview par Philippe Pilard.
2. Chris Goodwin, *The Guardian*, 19/6/1986.

sions en Europe, avec Istvan Szabo, Emir Kusturica, et même en URSS, Elem Klimov...

A la mi-septembre 1987, lors d'une réunion professionnelle organisée à propos du film de Ridley Scott, **Someone To Watch over Me**, Puttnam crée la surprise. Quelques jours après la création de la nouvelle compagnie, Columbia Pictures Entertainment, dirigée par Victor Kaufman, il annonce sa démission du poste de *« chief executive officer »* de Columbia Pictures.

« Je ne suis ni saint Georges, ni Don Quichotte, déclare-t-il, *seulement un producteur de films venu d'Europe pour poser quelques questions et essayer de trouver de nouvelles voies... »*

Se soumettre ou se démettre...

A la Columbia, Puttnam avait obtenu une position tout à fait enviable. Mais en ne respectant pas les règles du jeu hollywoodiennes, en ignorant les gros bonnets, les stars et leurs agents, en voulant imposer des acteurs et des metteurs en scène européens, il semble qu'il ait perdu assez vite la confiance de la direction de Coca-Cola.[1]

Avec **Ishtar** (dont les vedettes n'étaient rien moins que Warren Beatty et Dustin Hoffman), film mis en route avant l'arrivée de Puttnam, la Columbia s'était offert un « flop » monumental. Elle en connaîtra un nouveau avec **Leonard Part VI**, suite au conflit qui opposera Puttnam à l'acteur Bill Cosby, super-vedette de la télévision américaine.

Un an après avoir claqué sa porte hollywoodienne, et après un long voyage en Thaïlande pour panser ses blessures, l'incoulable Puttnam est de retour en Grande-Bretagne.

En septembre 1988, il annonce un plan de production de 50 millions de dollars, grâce à l'appui de BSB, de Warner, de Fujisankei et de la banque NatWest.

Parmi ses projets, on trouve des scénarios de Jack Rosenthal, Robert Bolt et Colin Welland, et les noms de cinéastes tels que Istvan Szabo et Jiri Menzel.

« David Puttnam rides again ! » comme on dit en bon français.

---

1. Cf. l'article de Tina Brown dans *Sunday Times Magazine*, 24 avril 1988.

Alan Parker.

British Film Year

Les lauriers glanés par les films britanniques dans les compétitions et sur les marchés internationaux durant les années 1982-1983, n'avaient pas eu pour effet d'inverser la chute de la fréquentation des salles.

L'idée de lancer une grande campagne pour regagner le public pouvait paraître simple. Dans la pratique, les intérêts divergents des différents secteurs du cinéma, la pesanteur des habitudes, une certaine tendance au scepticisme rendaient le projet aléatoire.

En avril 1981, un groupe de cinéastes (dont J. Losey, R. Lester, J. Schlesinger) avait signé une lettre ouverte intitulée : *Sauvez notre industrie*, mettant en lumière la faiblesse du cinéma britannique.

Un comité, activement soutenu par l'Association of Independent Producers et regroupant les principales branches professionnelles, animé par les infatigables Attenborough et Puttnam, va pourtant se mettre en place et le projet «British Film Year» sera annoncé dès le Festival de Cannes 1984.

Les organisateurs de BFY se fixaient deux buts :
— Encourager le public à retourner au cinéma avec le slogan : *Le cinéma, le meilleur endroit pour voir un film !*
— Insister sur le capital britannique en matière de talents cinématographiques, en films et en équipements techniques.

Le projet reçut un accueil mitigé.

Il y eut de malicieux observateurs pour rappeler l'opération «British Film Weeks» lancée en 1924, autre période de crise, et qui avait surtout fait apparaître l'indigence de la production nationale...

Les organisateurs tinrent bon. La tâche de la Déléguée générale, Fiona Halton, était, remarquèrent plusieurs observateurs, «*à mi-chemin entre Madame Thatcher et Mary Poppins...*»

49

Le ministre Norman Lamont, chargé du cinéma, déclarait : «*Il appartient à l'industrie du cinéma de montrer qu'elle croit en son propre avenir, et de faire la preuve de ses capacités à trouver de nouveaux marchés, de nouveaux publics...*»

Un budget d'un peu plus d'un million de livres fut réuni : subvention des pouvoirs publics, mais surtout fonds fournis par l'industrie elle-même. (Les distributeurs américains se montrèrent les plus généreux !)

Une partie des fonds devait permettre une opération en direction de l'étranger, notamment durant le Festival de Cannes. Le reste devait être consacré à une tournée à travers le Royaume-Uni. Les grandes chaînes de cinéma (Rank-ABC, Odeon, Cannon) s'engageaient à rénover leurs salles et à améliorer la qualité de l'accueil du public.

Une série de timbres-poste cinéma fut aussi éditée, présentant les portraits de Vivien Leigh, Charles Chaplin, Alfred Hitchcock, David Niven et Peter Selers.

La tournée jouait sur la fascination que le monde du cinéma exerce encore : rencontre avec des stars, démonstrations faites par des cascadeurs, vedettes laissant l'empreinte de leurs mains dans du ciment, jeux et concours, dans près de vingt-cinq villes. Par ailleurs, des comités locaux réunissaient les diverses personnes ou institutions concernées par le cinéma. Un effort particulier était fourni en direction du milieu scolaire.

A la veille de l'ouverture officielle de BFY qui fut marquée par la présentation de **A Passage to India** de David Lean, à la Royal Film Performance du 18 mars 1985, David Puttnam écrivait : «*... Le problème du cinéma, comme celui de notre pays, c'est que nous n'avons pas su investir correctement... Nous avons un écran pour 44 000 habitants, les Américains un pour 10 000... L'Anglais moyen va au cinéma une fois par an, l'Allemand trois fois, l'Américain, six... Si nous atteignons une remontée de la fréquentation de 5%... ce sera un succès... Le gouvernement — sur le plan national comme sur le plan local — doit reconnaître le rôle fondamental que la culture doit jouer dans la vie et le développement d'un pays civilisé. Il faut aussi que soit reconnu qu'au XXᵉ siècle, Fellini est l'égal de Picasso et de James Joyce...*[1]»

Quelques semaines plus tard, les sceptiques en sont pour leurs frais. Les prévisions de Puttnam sont largement dépassées : l'augmentation de la fréquentation pousse des pointes à 35% !

---

1. *The Observer*, 17/3/1985.

« *Les clients reviennent au cinéma… convaincus par des tickets moins chers, de bons films et le mauvais temps…* », écrivait un chroniqueur[1] qui citait plus loin le directeur d'une salle Thorn-EMI, déclarant sur la question des places à prix réduit : « *Nous préférons maintenant avoir le double de public à moitié prix…* »

Lors des Festivals de Cannes 1986 et 1987, le cinéma britannique dispose d'un « pavillon » spécial installé sur la Croisette : succès mondain qui complétera le succès critique des films.

Sir Richard Attenborough lançait : « *Peut-être le cinéma britannique a-t-il enfin atteint sa majorité… Nous avons trouvé les moyens et le courage d'être originaux, innovateurs et même excentriques. D'être britanniques en fait. De réussir en étant nous-mêmes.* »

British Film Year — un peu à la manière de la Fête du Cinéma organisée en France — était un succès, mais ne pouvait résoudre toutes les difficultés et contradictions du système.

Certains observateurs notaient que les ombres ne manquaient pas au tableau : le public était revenu dans les salles, pour voir **A View to Kill** et certes… **A Passage to India**, mais surtout **Beverly Hills Cops** et **Rambo** !

« *Au lieu d'être l'année de l'encouragement au cinéma britannique, écrivait un commentateur[2], British Film Year a surtout été l'année où l'on a essayé de ramener le public dans les salles pour voir n'importe quel film…* »

A l'issue de BFY, David Puttnam remarquait : « *L'opération BFY a été menée avec l'idée d'utiliser l'énergie de la renaissance pour relancer notre cinéma dans les salles, chez nous. C'était notre souhait à Dickie (sir Richard Attenborough) et à moi-même… Je me souviens qu'au moment du lancement de BFY, la presse s'est montrée réservée, ironique et parfois carrément cynique… Aujourd'hui, il est évident pour tout le monde que le bilan de BFY est positif… L'un des problèmes de l'industrie cinématographique britannique est que, durant des années, chacun a travaillé dans son coin. Quand ça ne marchait pas, c'était toujours de la faute des autres ! Et grâce à BFY, Dickie et moi avons pu amener tous ces gens à discuter ! Nous avons été aidés en cela, paradoxalement, par les Américains : en nous attribuant des oscars, les Américains nous ont donné, à lui comme à moi, un poids qui nous a permis de jouer ce jeu ! Des producteurs, des distributeurs, des exploitants ont eu la possibilité de discuter de leurs problèmes et de trouver*

---

1. R. Brooks, *The Sunday Times*, 30/6/1985.
2. Brian Baxter, *Films and Filming*, juillet 1986. Voir aussi *Screen*, article de A. Higson, janvier-février 1986.

des solutions. C'était quelque chose de nouveau, dont tout le monde a bénéficié… C'était une occasion à ne pas manquer. Le système de distribution et surtout les salles se sont améliorés; et nous avons eu un très bon résultat, puisque la fréquentation a augmenté de plus de 30%!… Avons-nous réussi à fonder de nouvelles bases, ou est-ce un feu de paille? L'avenir le dira…»[1]

L'image des contradictions que dissimulait BFY fut donnée publiquement, en mars 1986, par une série de trois émissions diffusées par London Week-End Television, sur le réseau de la télévision privée ITV.

Les producteurs David Gill et Kevin Brownlow[2] proposèrent à Lindsay Anderson, Richard Attenborough et Alan Parker de composer chacun un programme d'une heure, portant sur le cinéma britannique et sur sa renaissance.

Aurait-on voulu donner au grand public une image plus contradictoire – et plus inquiétante – du cinéma britannique qu'on n'aurait pas agi autrement. Ces trois émissions, titrées *«British Cinema»* – et fort heureusement sous-titrées *«A Personal View»* – furent l'occasion de ce que l'on nomme en bon français un déballage de linge sale, qu'un critique résuma par la formule: *«Le cinéma en guerre avec lui-même…»*[3]

Sans doute, personne ne s'attendait vraiment à un discours lénifiant. Lindsay Anderson et Alan Parker sont des gens qui n'ont pas leur langue dans leur poche, et leurs sarcasmes – contradictoires – n'épargnèrent pas grand monde.

Parker, qui se voulait le porte-parole du spectateur moyen, avait – pour que les choses soient claires – rajouté à son émission le sous-titre *«Journal d'une tête de navet»*. Il fit appel à ses talents d'amuseur qui sont nombreux: ses dessins (c'est un redoutable caricaturiste); ses personnages favoris: deux ouvreuses de cinéma commentent les films sans ménagement; son orgue électrique et j'en passe. Il s'en prit aux snobs, aux esthètes qui *«refusent de rêver»* et à ceux qui *«attachent plus de prix à la castration qu'à la création».* Les critiques, le British Film Institute, les cinéastes à petits budgets en prirent pour leur grade! De même la politique des auteurs, même si, Parker, hilare, n'omit pas de signer son émission *«Un film*

1. Interview par Philippe Pilard.
2. Historien du cinéma, producteur de télévision, K. Brownlow est aussi cinéaste. Il est co-auteur de **It Happened Here** (1964) et de **Winstanley** (1975) avec A. Mollo. Il a œuvré pour la restauration du **Napoléon** d'Abel Gance.
3. D. Robinson, *The Times*, 13/3/1986.

de *Alan Parker*», en français dans le texte! Au total une émission brillante, méchante, souvent fort drôle, mais qui n'apporta sans doute guère d'informations aux spectateurs qui auraient souhaité y comprendre quelque chose.

Anderson, c'est un autre genre. Intelligent, sarcastique, menant sa démonstration avec rigueur, il revisita le cinéma britannique armé de la férule du Free Cinema. Son ironie dévastatrice s'exerça sur l'hypocrisie générale du système, notamment sur celle de la renaissance d'un cinéma britannique fortement américanisé. «*Les Anglais arrivent*, dit-il, *sans doute, mais les billets ont été payés en dollars!*» Anderson, qui n'est plus tout à fait un jeune homme, sait cultiver sa colère. Ce n'est pas un petit mérite! Ce qui nous manque, répète-t-il, c'est un nouveau Free Cinema, la seule vraie tradition britannique, de Humphrey Jennings à Anderson, en passant par Reisz, Richardson, Loach et quelques autres.

«*Je crois que BFY est une opération médiatique stupide*, déclarait Anderson à la presse[1], *le cinéma britannique possède une tradition qui mérite d'être célébrée, mais c'est une erreur de croire qu'elle a commencé avec* **Chariots of Fire***!*»

Dans l'émission qui suivit, sir Richard eut bien du mal, on le comprend, à jouer les rassembleurs, même en battant le rappel de gloires telles que Peggy Ashcroft ou John Gielgud...

Le problème n'était pas de demander aux auteurs de taire leurs opinions et d'éviter tout débat, mais au contraire de l'élargir.

«*Je pensais*, déclara sir Richard, *qu'il y aurait au moins six émissions!*»[2] Cela n'aurait sans doute pas été de trop pour informer un public chez qui l'on entretient une vue très confuse — outre-Manche comme chez nous — des problèmes que le cinéma pose, non seulement au spectateur, mais encore et surtout au citoyen.

---

1. *Televisual*, mars 1986.
2. idem.

Lilian Gish et Lindsay Anderson.

Cinéma britannique :
état des lieux

«*On peut le piétiner, l'arracher, le torturer de mille manières, il repousse toujours…*» C'est ainsi que Charles Oakley, l'un des premiers auteurs à en avoir écrit une histoire complète[1], décrivait le cinéma britannique, en le comparant… au chiendent.

L'image peut surprendre. Et pourtant, si le cinéma britannique a connu des moments de gloire et a fourni des chefs-d'œuvre à la cinématographie mondiale, il a aussi, et plus souvent qu'à son tour, vécu de terribles crises, et cela, depuis fort longtemps.

Dans son livre de souvenirs, le producteur Michael Balcon évoque — bel exemple d'humour noir — la figure du pionnier William Friese-Greene qui, en 1921, prononça devant la profession cinématographique un discours vibrant où il adjurait ses collègues de s'unir contre la domination américaine. Son discours terminé, brisé par l'émotion, Friese-Greene s'effondra et mourut. On trouva dans ses poches toute sa fortune : 1 shilling et 10 pence… Et Balcon ajoute : «*Je m'étonne encore que, sachant cela, je me sois tout de même lancé, l'année suivante, dans la production de mon premier film…*»[2]

La domination américaine… Thème apparemment inusable, et que la Grande-Bretagne cinématographique a connu bien avant le reste de l'Europe. Sujet de débats, de polémiques et d'interminables querelles, jusqu'à nos jours.

«*Nous avions été colonisés par le cinéma français jusqu'en 1914. Et depuis 1915, nous sommes colonisés par les Américains…*» Plaisanterie simplificatrice, mais non sans fondement.

---

1. *Where We Came in*, Charles Oakley. (George, Allen & Unwin, 1964.)
2. *A Lifetime of Films*, Michael Balcon. (Hutchinson, 1969.)

Remarquons au passage que le colonialisme hollywoodien ne s'exerce pas en Grande-Bretagne dans le seul domaine de l'avalanche des films *« made in USA »* sur le marché national. (Sans parler de celui des colonies durant la première moitié du siècle.)

L'hégémonie hollywoodienne, c'est aussi la colonisation des talents. Metteurs en scène, techniciens, comédiens britanniques traversent l'Atlantique, pour quelques années... ou pour toujours : Charles Chaplin et Alfred Hitchcock, pour citer les plus célèbres, mais aussi plus récemment Tony Richardson, John Schlesinger, Ridley Scott, Alan Parker ou Tony Scott... Mamoun Hassan (nommé directeur de National Film Finance Corporation en 1979) allait plus loin : *« Ce n'est pas seulement la colonisation des cerveaux, c'est la colonisation des âmes... Beaucoup de réalisateurs semblent ne travailler ici que pour obtenir une carte de visite pour Hollywood...»*[1]

Il est vrai aussi que, pour des raisons diverses, certains Américains font le voyage dans l'autre sens et s'installent en Grande-Bretagne : Joseph Losey, Stanley Kubrick, Richard Lester, Terry Gilliam, Roger Graef ou Stephen Bayly...

La question de la domination américaine revient, de manière obsédante, tout au long de l'histoire du cinéma britannique, dont on arrive à penser que, dans ses meilleurs moments, il n'est qu'un malade en rémission. Domination américaine, et aussi crise financière et crise de confiance...

Les pouvoirs publics britanniques vont intervenir très tôt sur le marché cinématographique, même quand ils se réclament par ailleurs du libéralisme.

Du milieu des années vingt à la fin des années soixante-dix, du gouvernement Baldwin au gouvernement Wilson, des commissions d'études sont créées : Moyne Committee dans les années vingt et trente, Palache Committee en 1944, Plant Committee en 1949, Monopolies Commission en 1965 (et une autre en 1983 !), rapport Lloyd en 1970, Interim Action Committee en 1976. Toutes disent à peu près la même chose[2] :

— en raison de son importance idéologique et culturelle, le cinéma ne saurait être ignoré par les pouvoirs publics ;

— cette importance idéologique et culturelle implique que l'industrie cinématographique n'est pas une industrie comme une autre et doit bénéficier de mesures spécifiques ;

---

1. S. Perry, *Sight and Sound*, été 1980.
2. Cf. *Cinema and State*, M. Dickinson and S. Street. (BFI, 1985.)

– la production américaine domine le marché britannique, de 60 à 90% selon les périodes;

– cette situation est aggravée par la tendance à la concentration dans la distribution des films;

– il convient donc de prévoir des mesures de protection et d'incitation en faveur du cinéma national, ainsi que la création d'un organisme de tutelle chargé de faire appliquer ces mesures.

La première grande crise qu'affronte le cinéma britannique se situe dans les années vingt. Le déferlement de la production américaine est tel (il n'y a même pas besoin de traduire les cartons intertitres!) que les films britanniques disparaissent pratiquement des écrans. En novembre 1924, (le «*black November*») la production britannique s'arrête complètement.

Cette crise n'a donc rien à voir avec celle d'aujourd'hui. La fréquentation des salles est au beau fixe. C'est l'époque où le cinéma est le divertissement populaire par excellence, et il le restera même durant la crise économique[1]. Au plus fort de la dépression, les observateurs – J.B. Priestley par exemple – notent que trois commerces restent relativement florissants dans les «*distressed areas*»: le pari sur les courses, le prêteur sur gages et le cinéma! Les salles de cinéma sont pleines, la distribution est prospère... pour le plus grand bénéfice des sociétés d'outre-Atlantique!

L'opinion publique s'émeut. Et le gouvernement Baldwin met à l'étude un *Cinematograph Act* qui sera publié en 1927 et instituera un quota minimum de films britanniques dans la distribution et l'exploitation.

Ce *Quota Act* (première loi du genre en Europe) sera renouvelé et élargi dans les décennies qui suivront: d'abord fixé à 7,5% de la distribution générale, il passera à 15% pour atteindre 30% après la Seconde Guerre mondiale. Adapté en 1972, lors de l'entrée de la Grande-Bretagne dans le Marché commun, le système du quota sera supprimé par le gouvernement de Madame Thatcher en 1982.

L'effet immédiat du *Quota Act* fut de sauver l'industrie cinématographique, sinon de produire des films de qualité. Pour répondre aux exigences de la loi, les studios fabriquèrent des films bon marché (les «*quota quickies*») qui eurent au moins le mérite de faire tourner les studios et les industries techniques, et de per-

---

1. Cf. *Le Cinéma britannique des années trente*, par Philippe Pilard, *Années 30*, n° 3. (Février 1985, publié par l'université de Nantes.)

mettre à des débutants – Michael Powell par exemple[1] – de faire leurs premières armes.

Une autre grande crise du cinéma britannique se situe paradoxalement à un moment où il brille de tous ses feux: dans les années 1947-1950, les films de David Lean, Carol Reed, Michael Powell, Laurence Olivier, les comédies Ealing enchantent, émeuvent ou font rire le monde entier. Le distributeur Arthur Rank est au faîte de sa gloire et de sa puissance: les films de «l'homme au gong» semblent être en mesure de concurrencer sérieusement ceux des Majors.

Le dossier de cette crise est complexe.

Il y a d'une part une Grande-Bretagne que la guerre a saignée à blanc, et dont le gouvernement veut limiter les dépenses en dollars. «Ce sera Bogart ou le bacon», commente un député de l'époque. Le gouvernement travailliste optera pour le bacon: le chancelier de l'Echiquier Hugh Dalton décide d'imposer une taxe très lourde («Dalton duty»: 75%) sur les films américains et de bloquer une part de leurs recettes en Grande-Bretagne. Par ailleurs, le quota en faveur des films britanniques est porté à 45%.

D'autre part, Arthur Rank s'est mis en tête de concurrencer les Majors aux Etats-Unis mêmes. Les Américains voient dans cette politique une noire ingratitude. Un courant anti-anglais traversera l'opinion publique outre-Atlantique.

Au «Dalton duty», Hollywood répond par un embargo. Très vite, la situation est intenable. D'une part parce que le public anglais est gourmand de films américains, et que distributeurs et exploitants ne demandent qu'à gagner de l'argent avec ces films! D'autre part, les tentatives britanniques pour combler le vide se révèlent médiocres. Or, Rank est aussi distributeur (de films américains!)[2]. Très vite, le château de cartes s'effondre.

Le quota de 45% ne sera jamais atteint et retombe à 30%. Rank perd beaucoup d'argent et ne retrouvera jamais sa puissance. Les Américains reviennent en force en Grande-Bretagne et plus jamais ils ne seront sérieusement menacés. Mieux: l'obligation qui

---

1. Cf. *Powell, Preburger and Others*, I. Christie (BFI, 1978). *A Life in Movies*, Michael Powell. (Heinemann, 1986.)

2. «*Rank producteur de films britanniques et Rank distributeur de films hollywoodiens sont irréconciliables... C'est une contradiction qui oblige M. Rank à rejeter de la main droite ce qu'il fait de la main gauche...*» Richard Winington, chroniqueur du *News Chronicle* (1948), cité par D. Puttnam. (*Sight and Sound*, automne 1981.)

leur est faite d'investir sur place, renforcera leur position à long terme!

Le *Financial Times* du 15 mars 1948 ironise: «*La négociation aurait été confiée aux Marx Brothers qu'elle n'aurait rien donné de plus absurde… Nous n'aurions pas dû laisser notre naïf socialiste président du Board of Trade* (Harold Wilson) *jouer au poker avec les durs de Hollywood!…*»

Les travaillistes auront beau jeu de dire qu'ils ont cherché à créer des conditions favorables à l'industrie, et que celle-ci n'a pas su s'en servir.

Durant la même période 1947-1949, s'ils renoncent à intervenir dans le domaine de la distribution, les travaillistes décident d'autres mesures: principalement la création d'une taxe spéciale (comme la taxe para-fiscale française) qui va alimenter un fonds de soutien à l'industrie cinématographique, British Film Fund. Cette taxe prendra le nom de son initiateur, Wilfrid Eady: ce sera le «*Eady levy*». Ce British Film Fund va permettre de créer une structure bancaire destinée à aider la production: National Film Finance Corporation (NFFC).

Le «*Eady levy*» fonctionne à l'image de l'aide automatique française: c'est une épargne forcée, prélevée sur la recette des films et dont le réinvestissement dans le cinéma assure de nouvelles productions. L'aide perçue est proportionnelle au succès des films.

NFFC fonctionne selon le modèle aide sélective: il s'agit d'aider des films choisis sur dossier, en fonction de leurs qualités artistiques et commerciales.

Pendant près de quarante années, ce système va permettre, tant bien que mal, la survie du cinéma britannique. Il sera supprimé en 1984 par le gouvernement de Madame Thatcher.

Il faut dire à ce sujet, qu'en raison même de la chute du nombre des entrées, le rendement financier du «*Eady levy*» était devenu médiocre. De plus, la publication de ses comptes (jusque-là tenus secrets) à la fin des années soixante-dix, fit apparaître que les principaux bénéficiaires en étaient soit des films à financement américain, soit des films pornographiques. Cette révélation contribuera à préparer l'opinion à la suppression pure et simple de la taxe.

Quant à NFFC, en quelque quarante ans d'activité, elle aura permis la production de près de huit cents films de court et de long métrage, parmi lesquels de nombreux et incontestables chefs-d'œuvre.

NFFC a été remplacée aujourd'hui par British Screen Finance Consortium dirigé par Simon Relph; son budget est assuré par une subvention des pouvoirs publics, par des versements directs des grandes sociétés de distribution (Rank, Cannon, distributeurs vidéos, etc.) et par Channel 4 et Granada TV.

La troisième crise du cinéma britannique est d'ordre plus général. C'est celle qui se développe dans les pays industrialisés à partir des années cinquante : apparition puis extension de la télévision, modification du comportement du public, évolution de la notion de loisir. Le cinéma cesse peu à peu d'être le divertissement populaire numéro un.

Si les divers gouvernements britanniques font preuve d'un embarras ennuyé à l'égard du cinéma, ils feront, en revanche, porter leurs efforts sur la télévision.

C'est ainsi qu'ils mettent en place avec BBC d'abord, puis avec le réseau de télévision privée ITV (et tout récemment avec Channel 4), un système de télévision solide, produisant des programmes de qualité. D'où la formule célèbre : « *Le cinéma britannique est bien vivant et en bonne santé, dans la télévision !* »

En 1955, fait significatif, Michael Balcon vend les studios de Ealing à la BBC. On y pose une plaque qui proclame : « *Ici, durant un quart de siècle, furent fabriqués de nombreux films exaltant la Grande-Bretagne et le caractère britannique.* » Une page est tournée[1].

A la même époque, un groupe de jeunes gens réunis autour d'une revue intitulée *Sequence*, née à Cambridge, dénonce l'apathie et le conformisme du cinéma britannique. Ces jeunes gens, Lindsay Anderson, Karel Reisz et Tony Richardson, lancent un slogan qui sera bientôt un mot d'ordre : Free Cinema.

Free Cinema est le nom donné à des programmes de films présentés à National Film Theatre entre 1956 et 1959 (programmes où l'on trouve les noms de Franju, McLaren, Polanski, François Truffaut, Alain Tanner, Claude Goretta et quelques autres) et qui seront l'occasion de montrer des films qui, par leur ton, leurs préoccupations sociales, l'emploi de nouvelles techniques (son synchrone, caméra 16 mm légère) vont ouvrir de nouvelles voies[2] : **Momma Don't Allow** (1956) signé par K. Reisz et T. Richardson, **Every Day Except Christmas** (1957) de Lindsay Anderson, **We Are the Lambeth Boys** (1959) de K. Reisz… Bientôt, cette nouvelle énergie va se traduire en films de long métrage : **Saturday Night and Sunday Morning / Samedi soir et dimanche matin**, (K. Reisz, 1960), **This Sporting Life**

---

1. *A Lifetime of Films*, op.cit.
2. Cf. *Studies in Documentary*. (S. & W., 1972.)

(L. Anderson, 1962), ***The Loneliness of the Long Distance Runner/***
La Solitude du coureur de fond (T. Richardson, 1962).

Parallèlement, la télévision va susciter une génération de nouveaux auteurs et réalisateurs: John Schlesinger, Ken Russell, Ken Loach, etc. qui, à leur tour, vont venir grossir les rangs de ce nou-

Kenneth Loach sur le tournage de ***Black Jack.***

veau cinéma. C'est l'époque du «*Swinging London*», où se développe la prodigieuse carrière des Beatles... L'image britannique se vend bien.

Qui produit les films de ce nouveau cinéma? Essentiellement les sociétés américaines installées en Grande-Bretagne. En 1969, 90% de l'argent investi dans la production en Grande-Bretagne est américain[1]. Et pendant ce temps, les spectateurs sont de moins en moins nombreux: la fréquentation chute en moyenne de 15% par an!

---

1. Cf. *Hollywood, England* par A. Walker. (Joseph, 1974.)

Le marché intérieur britannique devient totalement insuffisant pour justifier les risques des productions nationales.

En 1979, AIP (l'Association des Producteurs Indépendants, créée en 1976) fait remarquer qu'un film comme ***A Taste of Honey/ Un goût de miel*** (T. Richardson, 1962) avait généré sur le seul

Ken Russell.

marché britannique une recette de 350 000 livres, soit trois fois son coût de production. En 1979, en raison de l'effondrement de la fréquentation, la recette d'un film britannique ne dépasse pas 70 000 livres, alors qu'à la même époque le budget d'un film très bon marché tourne autour de 300 000 livres...[1]

Au début des années soixante-dix, la crise politique et financière qui secoue les Etats-Unis va être fatale à cette production anglo-américaine. A dater de 1972, l'argent américain s'évapore. La mythologie du « *Swinging London* » est passée de mode. La production de films s'effondre. Au milieu des années soixante-dix, la mort

---

1. Cf. *AIP & C°*, n° 18.

du cinéma britannique, selon certains experts, n'est plus qu'une question de mois.

En 1976, le gouvernement de Harold Wilson désigne un comité — encore un! — sous la présidence de John Terry pour «*étudier l'avenir du cinéma britannique*». Parmi les propositions exprimées, la constitution d'une British Film Authority, organisme centralisateur et coordinateur (sur le modèle du Centre national de la cinématographie en France) que les travaillistes se proposent d'intégrer dans le *Cinematograph Act* de 1980...

Par ailleurs, tout au long des années soixante-dix, se développe un débat autour d'une quatrième chaîne de télévision. Un ambitieux projet de télévision «différente» voit peu à peu le jour, débat après débat.

La période 1979-1987 est marquée par les trois couronnes électorales de Madame Thatcher et du parti conservateur. La victoire de Madame Thatcher en 1979 met fin aux espoirs de la création d'une British Film Authority. Très vite, les systèmes d'aide au cinéma sont démantelés par le nouveau gouvernement: suppression du «*Eady Levy*» et de NFFC. En revanche, le projet de quatrième chaîne de télévision n'est pas remis en cause. L'élargissement au cinéma de mesures d'incitations fiscales (du type «*tax shelter*») permettra un décollage de la production au début des années quatre-vingt.

Mais dès 1983-1984, le gouvernement annonce la réduction de ces mesures et leur suppression à terme. Ce qui fait écrire aujourd'hui à un spécialiste de l'analyse économique: «*Le gouvernement britannique a créé le climat le plus défavorable aux investissements cinématographiques dans le monde occidental...*»[1]

Curieuse période de renaissance qui voit, par ailleurs, Rank renoncer à la production en 1980, la Société Goldcrest s'effondrer en 1984, après le départ de Jake Eberts, et de 1982 à 1985 le groupe américano-israélien Cannon mettre la main sur les deux tiers de la distribution et de l'exploitation en Grande-Bretagne...

---

1. David Murrell, *Le Film Français*, n° 2164. (Supplément spécial *Production britannique*.)

Daniel Day Lewis et Gordon Warnecke dans *My Beautiful Laundrette* de Stephen Frears.

Cinéma et télévision

La télévision est un élément important de la vie quotidienne britannique. Dans un pays où la presse reste très présente — surtout si l'on compare avec la France — et où la radio garde sa place, la télévision est néanmoins le premier moyen d'information, de culture et de distraction.

Rappelons quelques dates et quelques faits.

British Broadcasting Corporation est constituée en 1927. Après les premières transmissions expérimentales de 1932, des émissions régulières de télévision ont lieu à partir de 1936. Elles seront interrompues par la guerre, pour reprendre en 1946.

En 1954, un *Television Act* va autoriser la création d'un réseau de télévision privée qui se met en place dès 1955. BBC est financée par une redevance, la télévision privée par la publicité. En 1964, création d'un deuxième programme de télévision publique : BBC 2. Les programmes de BBC 1 se veulent grand public, ceux de BBC 2, sont plus culturels.

La télévision et la radio privées sont placées sous la tutelle d'une Independent Broadcasting Authority désignée par le ministre de l'Intérieur. Sous le contrôle d'IBA, les compagnies de télévision privées sont regroupées dans une fédération, Independent Television, ITV.

IBA a quatre missions principales : choisir les sociétés de programmes, superviser les programmes, contrôler la publicité, et assurer la transmission des programmes.

Sous l'égide d'IBA, ITV gère donc les seize compagnies de programmes privées réparties sur le territoire : Scottish TV, Channel TV, Central TV, Anglia TV, Thames TV, London Week-End Television, Tyne Tees TV, Ulster TV, Grampian TV, Granada TV, Television South, Television South West, HTV Wales, Yorkshire TV, et enfin TV-am, spécialisée dans les programmes du matin (lancée en 1983) et une société spécialisée dans l'information.

En novembre 1982, une nouvelle société, privée elle aussi et contrôlée par IBA, a commencé sa diffusion : Channel 4.

Dans le monde audiovisuel britannique, la télévision joue donc un rôle primordial. Et l'on ne peut guère comprendre certains phénomènes ou événements du cinéma, si l'on ignore tout de la télévision.

A la fin des années soixante, la critique parisienne accueillit un «jeune cinéaste» britannique, dont le film *Women in Love/Love* fit une grosse impression. Celui que certains prirent pour un débutant − très doué! − avait déjà fait une carrière tout à fait remarquable grâce à BBC. Il faudra que soit organisé, quelque temps plus tard, un «Hommage à Ken Russell» à la Cinémathèque française[1], pour que cela soit évident pour tout le monde.

Le cas de Ken Loach est moins mal perçu. Même si l'on ne connaît pas tous ses films chez nous, on sait néanmoins qu'il a tourné beaucoup plus souvent pour la télévision que pour le cinéma. Et certains de ses films, *Looks and Smiles* par exemple, n'ont connu une exploitation cinématographique à Londres qu'après un succès parisien!

L'un des films les plus intéressants du début des années quatre-vingt est sans doute *An Englishman Abroad* réalisé pour BBC par John Schlesinger sur un scénario d'Alan Bennett. Alan Bates y tient le rôle de l'espion anglais Guy Burgess qui finit ses jours à Moscou. Ce film, très brillant, est basé sur la rencontre que la comédienne Coral Browne − qui tient ici son propre rôle − eut avec Burgess à l'occasion d'une tournée théâtrale en Union soviétique. Film d'autant plus intéressant que, d'une certaine manière, il répondait à *Another Country* de Marek Kanievska d'après la pièce de Julian Mitchell.

Que dire d'un Mike Leigh − dont seul *Bleak Moments* fut distribué en France en 1972 − l'un des créateurs les plus originaux, les plus drôles, les plus tragiques aussi de la télévision (et du théâtre!). Mike Leigh a mis au point une technique de travail avec ses comédiens − improvisation contrôlée qu'il nomme lui-même «*devising*» − qui lui permet d'atteindre à un ton unique. L'un de ses films récents, *Meantime* (1984), portrait d'un jeune chômeur, déjà diffusé et rediffusé, a eu un écho considérable.

Récemment, le succès de *My Beautiful Laundrette* (1985), réalisé par Stephen Frears, et prévu initialement pour une exploitation télévision, a prouvé à quel point la frontière peut être étroite entre un certain cinéma et une certaine télévision. Il est vrai que la législa-

---

1. Cf. dossier «Ken Russell», *La Revue du cinéma* n° 297, juin 1975.

tion britannique permet des glissements entre l'un et l'autre : ainsi les téléfilms – le plus souvent tournés en 35 mm, sauf ceux de BBC, au moins jusqu'à ce jour, – peuvent-ils connaître une exploitation en salle avant d'être diffusés à l'antenne.

Contrairement à ce qui existe en France où le monde de la télévision et celui du cinéma continuent de s'ignorer quand ils ne se font pas la guerre, nombre de cinéastes et d'auteurs du nouveau cinéma britannique viennent directement du petit écran. Metteurs en scène, scénaristes, producteurs passent ici constamment d'un monde à l'autre.

En avril 1986, un programme présenté au National Film Theatre (la cinémathèque de Londres) et intitulé « Alive and Well ? » faisait clairement apparaître tout ce que le cinéma britannique doit à la télévision, en présentant des films d'Alan Clarke, Philip Saville, Ken Loach, Brian Gibson, David Hare, Richard Eyre, Alastair Reid, Roland Joffé, Stephen Frears et Michael Radford...

Et l'on aurait pu aussi bien y ajouter des films de Colin Gregg, Stephen Bayly, Richard Loncraine, Gavin Millar, David Drury, sans parler d'anciens comme Alan Bridges, Peter Duffell, Christopher Morahan ou Jack Gold !...

Channel 4

Dans ce contexte, la création d'une quatrième chaîne de télévision a pris une importance particulière.

Dès les années soixante, une série de débats s'étaient engagés, d'abord autour du rapport Pilkington (1962), puis autour des travaux de la Commission Annan (1969) pour décider de ce que pourrait être la quatrième chaîne. Une chose était sûre : la télévision publique disposant déjà de deux chaînes (BBC 1 et BBC 2), la quatrième serait nécessairement privée.

Mais devait-elle être régionale ou nationale ? Tournée vers le grand public ou plus culturelle ? Devait-elle constituer un nouveau monopole de production et de diffusion qui viendrait s'ajouter à ceux de BBC et d'ITV, ou faire appel à des indépendants ? Les comités, les groupes de pression, les professionnels, les politiciens produisirent déclarations et communiqués, rapports et contre-rapports. Ce débat durera tout au long des années soixante-dix.

Un homme va, durant ces années, militer pour la création d'une quatrième chaîne qui ne soit pas le pur et simple décalque des chaînes déjà en service : Jeremy Isaacs. Cet ancien étudiant d'Oxford est un véritable professionnel de la télévision : producteur successivement pour Granada (*All Our Yesterdays*), pour Associated Rediffusion (*This Week*), pour BBC (*Panorama*), puis responsable des films et Directeur des programmes pour Thames Television, il a également été producteur indépendant à Scottish Television et président du British Film Institute Production Board.

Dans un mémorandum qu'il adresse au ministre des Postes et Télécommunications, il définit, dès 1973, ce qui doit faire l'originalité de la quatrième chaîne : des programmes qui soient complémentaires de ceux déjà diffusés, qui ne craignent ni de s'adresser à des minorités, ni d'aborder des sujets concernant l'intérêt général dans les domaines sociaux et politiques ; qui aient pour mission d'innover. Enfin, Isaacs propose que IBA finance la quatrième chaîne par une taxe perçue sur les compagnies de télévision privées.

Isaacs précise : «*On se demandera pourquoi les compagnies de ITV devraient payer une telle télévision de service. La réponse est tout simplement qu'elles bénéficient de la franchise du monopole public et voient leurs investissements rémunérés plus que raisonnablement. Pour leur permettre de continuer à en bénéficier, le gouvernement est en droit de leur demander d'assurer ce nouveau service...*»[1]

En 1979, le gouvernement de Madame Thatcher confie la gestion du dossier quatrième chaîne à IBA. Un *Broadcasting Bill* est publié le 6 février 1980. En septembre de la même année, Jeremy Isaacs est nommé Directeur général. La diffusion démarre le 2 novembre 1982.

Le *Broadcasting Bill* prévoit notamment : que les programmes doivent comporter des émissions conçues pour répondre aux goûts et intérêts généralement négligés par ITV ; des programmes de nature éducative ; et d'une manière plus générale, des programmes qui encouragent l'innovation et l'expérimentation.

Channel 4 − dont les programmes comportent des écrans publicitaires − est financé par un prélèvement effectué par IBA sur les recettes publicitaires d'ITV.

Au total, une démarche profondément originale et sans doute unique au monde, où la puissance publique met en place une structure privée, avec une évidente mission de service public. De plus, l'a priori minoritaire (même si les minorités, en termes de télévision, se chiffrent généralement par millions de spectateurs !) est des plus inhabituel.

---

1. Cf. *Channel 4 : Television with a Difference?* par Stephen Lambert. (BFI, 1982.)

Le téléspectateur français qui a pu assister durant les années quatre-vingt à la vertigineuse dégringolade de la télévision hexagonale, pourra méditer l'exemple britannique![1]

L'originalité de Channel 4 ne se limite pas à ses programmes. Son organisation elle-même est inhabituelle. Contrairement à la plupart des chaînes de télévision qui, à travers le monde, dépensent 70 à 90 % de leurs revenus dans leur infrastructure administrative, le reste − portion souvent congrue, ô combien! − allant aux programmes proprement dits, Channel 4 limite le coût de son administration à 15 %, privilégiant ainsi la production.

Limitant son rôle à une politique de programmes, Channel 4[2] fait appel à des producteurs privés pour la fabrication des émissions et des films. Grâce à cette politique, près de deux cents nouvelles compagnies ont fait leur apparition durant les années de mise en route de Channel 4.

Channel 4 a donc stimulé la production indépendante de télévision, mais aussi la production cinématographique. Plutôt que de s'en tenir à la seule production de dramatiques ou de « docudramas » comme BBC ou ITV, Jeremy Isaacs et son Monsieur Cinéma, David Rose, (prix Roberto Rossellini à Cannes 1987), ont décidé d'intervenir directement dans la production ou la coproduction de films de long métrage. Une filiale, Film Four International, a été créée à cet effet.

« Personne n'attend de la plus jeune des télévisions britanniques qu'elle sauve le cinéma britannique ou ce qu'il en reste, écrivait Jeremy Isaacs en 1981[3] ... Mais Channel 4 entend mettre l'accent sur le film en tant que forme artistique et support d'information, ce dont les chaînes actuelles se soucient assez peu... »

Le projet initial était de participer − en tout ou partie − à une vingtaine de films chaque année. L'augmentation du coût de production a réduit ce nombre à une quinzaine.

L'orientation retenue pour le choix des films à produire (à l'exception de quelques coproductions internationales) est celle de films à petits ou moyens budgets, décrivant la réalité d'aujourd'hui : « Les gens ont besoin de voir des films qui reflètent leur propre expérience et qui leur parlent de leur propre situation...[4], affirme Jeremy

---

1. Cf. *Pour une réforme de l'audiovisuel*, rapport au Premier ministre, par la Commission de réflexion et d'orientation présidée par P. Moinot. (La Documentation française, 1981.)
2. Comme en France, la S.E.P.T.
3. Cf. *Sight and Sound*, automne 1981.
4. Cf. *Sight and Sound*, automne 1982.

Anthony Higgins dans *The Draughtman's Contract* de Peter Greenaway.

Isaacs. Et David Rose précise : «*Nous voulons des films qui reflètent nos préoccupations nationales, plutôt que de se référer au marché international...*»

Le palmarès de Channel 4 après quelques années est éloquent. Citons, pour mémoire, quelques titres : **Angel** (Neil Jordan), **Another Time, Another Place** (Michael Radford), **The Draughtsman's Contract**, **Z.O.O.**, **The Belly of an Architect** (Peter Greenaway), **Flight to Berlin** (C. Petit), **Moonlighting** (J. Skolimowsky), **The Ploughman's Lunch** (R. Eyre), **Heat and Dust** (J. Ivory), **My Beautiful Laundrette**, **Prick Up Your Ears** (S. Frears), **Fatherland** (K. Loach), **Wetherby** (D. Hare), **Comrades** (B. Douglas), **Rita Sue and Bob Too** (A. Clarke), **Wish You Were Here** (D. Leland), sans parler de participations dans **Paris, Texas** (W. Wenders), **Dans la ville blanche** (A. Tanner), **Le Sacrifice** (A. Tarkovski), etc.

Jeremy Isaacs affirme : «*Le film est au cœur de la création de fiction pour l'écran, quel qu'il soit...*»

Avec une production culturelle ou haut de gamme, pour parler le jargon à la mode, visant un public minoritaire, Channel 4 revendique donc une démarche originale qui va à contre-courant des pratiques généralement admises à la télévision.

Aussi, les spécialistes estimaient que, dans ces conditions, Channel 4 aurait bien du mal à atteindre la ligne des 10 % de l'audience générale pour équilibrer ses comptes[1]. Or, le rapport d'exploitation publié en juillet 1987, fait apparaître un bilan positif et une audience qui dépasse les 14 % !

A peu près au même moment, le directeur des programmes de BBC-TV, Michael Grade, et le directeur général de la BBC, Michael Checkland, annonçaient la décision de confier une part de la production de leurs programmes aux indépendants : hommage implicite à la politique menée à Channel 4. Le succès de Channel 4 pourrait, d'une certaine façon, se retourner contre lui. Certains affirment – au nom du libéralisme – que la chaîne devrait pouvoir fonctionner de manière totalement indépendante, c'est-à-dire assurer elle-même son financement par la publicité, au lieu d'être financée indirectement par ITV. Il est évident que la suppression de la médiation d'ITV pourrait avoir des conséquences fâcheuses pour Channel 4 en lui rendant très difficile, la présentation des programmes minoritaires qui ont fait son originalité...[2]

---

1. Cf. *Newsweek*, 19/5/1985 et *Time*, 1/9/1986.
2. Cf. *Screen International*, 11/7/1987, et *Films and Filming*, août 1988, article de A. Stanbrook.

Le Festival de Cannes 1987 a été un grand moment pour Channel 4. Jeremy Isaacs y a dressé le bilan de son activité générale, grâce à laquelle, cette année encore, le cinéma britannique faisait assez bonne figure sur la Croisette. A cette occasion, Jeremy Isaacs annonça sa décision de quitter la direction de Channel 4 en 1988 : « *Si je quitte Channel 4, c'est parce que nous avions décidé au départ que nous n'étions pas nommés à vie : en moins de dix ans, les cadres devaient être renouvelés pour éviter le risque de tomber dans le ronron...* »[1]

Oui, décidément, Channel 4 n'est pas une chaîne comme les autres...

Le rôle de Channel 4 dans le domaine de la production des films est indiscutable. En revanche, puisque les films produits ou coproduits par Channel 4 ont vocation à passer à plus ou moins long terme sur le petit écran, certains affirment que ce système accélère la désertification des salles. (Le même débat existe en France, avec Canal Plus.)

S4C

Un débat qui accompagne la création de Channel 4 durant les années soixante-dix, mérite d'être évoqué en raison de ses implications civiques et culturelles : il s'agit de la naissance de Sianel Pedwar Cymru, S4C, la télévision galloise.

Au début des années soixante, se crée une association, Welsh Language Society, dont le propos est de sauver la langue galloise. L'un de ses buts : la création de programmes de radio et de télévision en gallois.

Cette revendication va susciter, de la part des pouvoirs publics une attitude mêlant les promesses, les reniements et les fins de non-recevoir.

En 1974-1975, des commissions spécialement réunies (le Crawford Committee, puis le Sibery Committee) vont déclarer que la revendication est parfaitement admissible et le projet techniquement viable. Mais, d'action concrète, point.

---

1. Cf. Article d'O. Schmitt, *Le Monde*, 20/5/1987. C'est Michael Grade qui a été désigné, en novembre 1987, pour succéder à Jeremy Isaacs, à dater de janvier 1988.

Entre-temps, la WLS a encouragé ses sympathisants à l'action : des téléspectateurs gallois refusent de payer leur redevance, d'autres vont plus loin, détériorent les installations de BBC, et se retrouvent devant les tribunaux.

A la fin des années soixante-dix, ont lieu les élections générales. Les conservateurs sont élus. Ils se sont déclarés plutôt favorables aux revendications galloises. Mais à peine le scrutin est-il clos que le nouveau ministre de l'Intérieur, William Whitelaw, annonce que, tout compte fait, il renonce à ses promesses.

L'agitation reprend de plus belle. Des professeurs d'université, des membres du clergé sabotent un émetteur. En mai 1980, le député Gwynfor Evans annonce sa décision de commencer une

Comrades de Bill Douglas.

grève de la faim de protestation. Une visite de Madame Thatcher à Swansea provoque une violente manifestation. Finalement, à la fin de l'année, le gouvernement reviendra à ses engagements. Et S4C commencera à émettre en 1982.

Une première consécration cinématographique récompensera l'action de S4C, lors du Festival de Cannes 1986, avec la présentation de **Coming Up Roses/Rhosyn a Rhith** (section «Un certain regard»), film écrit par Ruth Carter, réalisé par Stephen Bayly et produit par la Galloise Linda James. *«La télévision galloise S4C a été créée en 1982 et comme je suis Galloise, ils m'ont demandé de travailler pour eux, dit-elle. Nous avons d'abord produit une série* **Joni Jones***, qui évoquait la vie d'un petit garçon dans l'entre-deux-guerres, et qui a eu un succès considérable. Des liens de confiance se sont établis entre S4C et "Red Rooster" notre société. Sur des scénarios de Ruth Carter, nous avons donc produit un long métrage* **And Pigs Might Fly***, puis* **Coming Up Roses***, tous deux réalisés par Stephen... Ces films sont*

Ian Holm et Vanessa Redgrave dans *Wetherby* de David Hare.

directement liés à la situation du pays de Galles d'aujourd'hui: le chômage, la disparition des industries, l'arrivée de capitaux étrangers... **And Pigs Might Fly** *est une comédie: la vie d'un petit village gallois est bouleversée par l'arrivée de deux Japonais. Chacun est* *persuadé qu'ils sont venus là pour racheter une usine en faillite. Mais les deux Japonais sont tout simplement en vacances...* **Coming Up Roses**, *est aussi une comédie douce-amère dont le centre est un cinéma qui vient d'être fermé. Le projectionniste et l'ouvreuse ne parviennent pas à se résigner à cette fermeture...* **Coming Up Roses** *a été sélectionné à Cannes. C'était la première fois qu'on tournait un long métrage en gallois, c'est donc le premier film de fiction gallois présent à Cannes!...»* [1] Linda James et Stephen Bayly se montrent raisonnablement optimistes. *«Cela ne veut pas dire que j'ai l'impression de faire partie d'une "renaissance", dit-elle. Je ne sais même pas s'il y en a une!... Mais peut-être est-elle au coin de la rue?...»*

Questions de style, questions d'argent

Un autre reproche adressé parfois à Channel 4, c'est de renforcer la tendance à fabriquer des films mixtes conçus pour répondre à la fois aux exigences du cinéma et de la télévision. En un mot, encourager une production d'hybrides déjà largement alimentée par l'intervention d'ITV dans les films de cinéma.

D'où la question: quelle différence y a-t-il entre un film de télévision et un film de cinéma?

Une réponse sérieuse passerait par un relevé complet des conditions de conception, de fabrication et de réception de l'un et de l'autre. Le reste est affaire de style.

Après avoir inventé un certain type de documentaire pour le cinéma, les Britanniques ont inventé pour la télévision — ou à tout le moins perfectionné — ce que tout le monde nomme désormais, après eux, le «docu-drama». Comme son nom l'indique, ce type de film entend combiner l'information du documentaire (le scénario est basé sur un fait réel, ou conçu à partir d'une enquête) et les avantages émotionnels de la narration de fiction.

La grande période du «docu-drama» a été celle des années soixante où Ken Loach avec **Cathy Come Home**, ou encore Peter Watkins, avec **Culloden** ou **The War Game/La Bombe** (qui fut interdit d'antenne) bouleversaient l'opinion...

Ainsi, au fil des années, des habitudes se sont mises en place. Au cinéma, les grandes vedettes, les grands espaces, les effets spéciaux, les foules et les décors, l'image pour l'image, le rêve et la

---

1. Interview par Philippe Pilard.

paillette. A la télévision, le gros plan, les intrigues intimistes, le drame social, la primauté du dialogue, les visages inconnus. Au cinéma, l'exceptionnel, à la télévision, la banalité du quotidien.

Est-il nécessaire de rappeler que tout ceci ressort d'une sociologie des médias plus que d'une nature esthétique ? La qualité d'un film tient à la personnalité de son ou de ses auteurs, aux conditions techniques et financières qui en permettent la naissance, et non à son support de diffusion, même s'il est plus agréable de voir un film sur un grand écran plutôt que sur un petit...

Un bon exemple de l'influence positive de la télévision sur la production cinématographique peut être trouvé dans la Société Zenith, créée en 1984, comme filiale de la compagnie Central Inde-

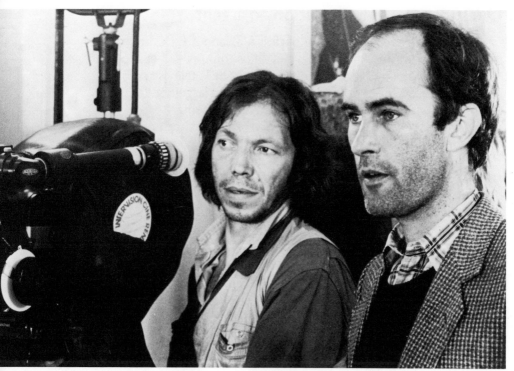

A droite, Christopher Petit réalisateur de *Flight to Berlin*.

pendent Television. Sous la direction de Charles Denton, Zenith a réussi une politique faite à la fois de prudence et d'audace : prudence dans les investissements (budgets moyens ; investissement dans le développement des scénarios) ; audace dans les sujets qui se veulent le plus souvent très britanniques et n'hésitent pas à choquer les idées convenues: *Prick Up Your Ears*, *Wish You Were Here / Too Much!*, *Wetherby*, *Sour Sweet*... C'est également tout à l'honneur de Zenith d'avoir produit le dernier film de John Huston, **The Dead**. Ce n'est donc pas sans raison que le British Film Institute a attribué une mention « spéciale » à Zenith, lors de sa distribution des prix de 1988.

Qu'on le veuille ou non, l'actuelle évolution de la commercialisation des films est en train de changer radicalement. La présentation d'un film dans les salles de cinéma n'est plus qu'un moment de sa commercialisation: l'exploitation sur les réseaux câblés, sur les circuits hertziens, sur cassettes enfin, est dès aujourd'hui une réalité que personne ne peut ignorer. C'est une nouvelle économie qui s'impose. John Boorman déclarait récemment[1]: «*La vidéo-cassette est un mal nécessaire.* **The Emerald Forest** *a gagné presque autant d'argent avec les cassettes (24 millions de dollars) qu'avec l'exploitation en salle (27 millions). Mais il n'y a que 20% des ventes vidéo-cassettes qui retournent au producteur...*»

Situation qu'un commentateur de l'évolution des médias résume dans une formule choc: «*Le cinéma est mort, vive le film!*»[2]

Au total, la télévision britannique des années quatre-vingt se caractérise par un enviable niveau de qualité et par une non moins enviable situation de − relatif − équilibre. Cela se poursuivra-t-il durant la prochaine décennie? Rien n'est moins sûr.

Les projets préparés par le gouvernement de Madame Thatcher en 1988 prévoient, au nom du libéralisme économique, une modification très sensible de la situation.

Les «*White Papers*» recommandent en effet: la privatisation de Channel 4; la création d'une 5e chaîne (qui pourrait fonctionner sur le modèle de Canal Plus); la limitation, pour ne pas dire la suppression des pouvoirs d'IBA; l'attribution des franchises de télévision aux compagnies les plus offrantes; quant à BBC, son existence ne serait pas mise en cause, au moins jusqu'en 1996, mais elle devrait chercher ses financements du côté des sponsors, un peu à la manière de la télévision publique américaine PBS...

C'est dire que l'idée de service public qui a jusqu'à ce jour servi de ligne de conduite officielle, tant dans la télévision publique que privée, en Grande-Bretagne, risque d'être sérieusement bousculée dans les années à venir.

---

1. Cf. *Screen International*, 19/9/1987.
2. *The Media in Britain*, Jeremy Tunstall. (Constable & C°, 1983.)

Miranda Richardson dans *Dance With a Stranger* de Mike Newell.

BFI, NFTS…

Il est certain que la création cinématographique ne se décrète ni dans les ministères, ni chez les banquiers. Mais, contrairement à d'autres formes artistiques qui ne nécessitent que des moyens financiers relativement modestes, le cinéma a besoin de structures spécifiques adaptées à sa caractéristique d'art-industrie.

Le chapitre qui suit, principalement consacré au British Film Institute et à National Film and Television School, et qui évoque le rôle joué par d'autres écoles et par les ateliers régionaux et autres collectifs, ne se veut évidemment pas exhaustif.

Il s'agit ici de montrer comment la création et l'expression cinématographiques — et audiovisuelles — ne sauraient exister par la seule action individuelle, et sans le recours à des structures-supports : des plus simples et des moins coûteuses aux plus sophistiquées et aux plus professionnelles.

En tant que telle, l'industrie du cinéma a déjà suffisamment de problèmes pour subsister : former des jeunes, susciter des vocations, rechercher des formes nouvelles, de nouveaux talents sont des préoccupations souvent exprimées — de préférence devant la presse — mais rarement suivies d'effet dans la réalité.

Le jeune apprenti cinéaste peut trouver en Grande-Bretagne plusieurs organismes qui lui permettront, avec des budgets très modestes, de faire des premiers films, d'expérimenter ; avec l'aide du Arts Council of Great Britain, avec les Arts Councils régionaux, par exemple.

Il existe en Irlande un Irish Film Board (récemment supprimé), et en Ecosse un Scottish Film Production Fund qui, avec des ressources limitées, peuvent aider tel ou tel projet.

Durant la British Film Year, un concours de scénarios fut organisé. Les organisateurs s'attendaient à recevoir quelques centaines de manuscrits, au plus. Ils en reçurent 2500 ! Pas si mal pour un pays où, disent certains, on ne s'intéresse pas au cinéma…

La première structure créée en Grande-Bretagne pour la promotion de la culture cinématographique, est le British Film Institute.

En 1931, est publié un rapport intitulé *The Film in National Life*, qui recommande la création d'un institut dont la vocation serait d'encourager l'existence d'un public informé et critique stimulant une production britannique de qualité.

La création — et le financement! — de cet institut seront rendus possibles par le recours à une taxe instituée sur les spectacles du dimanche (*«Sunday Entertainment Bill»*, car, jusqu'en 1932, le Jour du Seigneur est strictement respecté en Grande-Bretagne).

Fondé officiellement en septembre 1933, le BFI va prendre en charge des publications (*Sight and Sound, Monthly Film Bulletin*), une cinémathèque (National Film Library qui deviendra Film Archive), et diverses activités en liaison avec les ciné-clubs.

A une époque où, dans la plupart des pays industrialisés, le cinéma est avant tout une industrie du divertissement populaire, la création du BFI (comme celle, plus tard, de la Cinémathèque française par Georges Franju et Henri Langlois à Paris) est une idée nouvelle. *«Les films étaient pour les masses*, écrit l'historien David Wilson[1], *et sinon un opium, au moins une diversion innocente — et pour certains une diversion sans innocence. Et considérer les films avec sérieux était une aberration intellectuelle.»*

Aujourd'hui, le BFI regroupe et coordonne tout un ensemble d'activités[2] :

— National Film Archive, cinémathèque qui totalise près de 80 000 films de cinéma et de télévision (notamment avec les nouvelles installations de conservation à Berkhamsted) ;

— un service *Information* qui édite de nombreux ouvrages et magazines sur le cinéma et la télévision, et abrite une bibliothèque et une photothèque ;

— un service *Distribution* qui fait circuler copies de films et vidéocassettes ;

— un service *Funding and development* (créé en 1984) qui encourage et subventionne les associations régionales, des salles de cinéma de répertoire et des ateliers de création audiovisuels régionaux ;

---

1. *Sight and Sound: a 50th Anniversary Selection.* (Faber & Faber, 1982.)
2. A la fin de l'année 1987, la plupart des services du BFI ont été regroupés à une nouvelle adresse : 21, Stephen Street, London W1.

– le National Film Theatre, situé à Londres, (Waterloo Bridge, Southbank), qui, avec ses deux salles, propose au public des programmations spécifiques, et en décembre le *London Film Festival*. L'action de NFT est relayée par trente-cinq salles indépendantes, réparties sur le territoire du Royaume-Uni.

Le BFI dispose aussi d'un service pédagogique et d'un service d'étude et de recherche sur les médias.

Le BFI est financé par des subventions, par ses ressources propres (cotisations des adhérents, tickets, etc.) et aussi par des donations.

C'est ainsi que le dernier en date des projets du BFI, le MOMI (Museum of the Moving Image), musée de l'image animée, a été rendu possible grâce aux donations de J. Paul Getty jr. L'inauguration du MOMI devait avoir lieu fin 1988.

Le BFI s'est également doté d'un service de production de films.

En 1951, sous l'impulsion du producteur Michael Balcon notamment, est créé un Experimental Film Fund placé sous l'égide du BFI. Il s'agit de permettre à de jeunes réalisateurs de tenter leur première chance, hors l'industrie cinématographique.

Ce service de production – qui changera plusieurs fois d'intitulé – dispose de moyens financiers relativement modestes. Cela ne l'empêchera pas de tenir un rôle de plus en plus important, depuis celui de découvreur dans les années cinquante-soixante, jusqu'au rôle de producteur à part entière – ou presque – d'aujourd'hui.

Parmi la première vague de réalisateurs aidés par le BFI, on peut citer quelques noms très évocateurs : Ken Russell, Jack Gold, Lindsay Anderson, Karel Reisz, Robert Vas, Peter Watkins, Ridley Scott, Stephen Frears, Tony Scott...

Au fil des ans, l'orientation de la production soutenue par le BFI va changer, en fonction du budget, en fonction de la personnalité de ses directeurs et aussi, au moins par contrecoup, en fonction de l'environnement audiovisuel.

Avec Bruce Beresford qui assure la direction du service de 1966 à 1969, (après une interruption de plusieurs années... faute d'argent !) le BFI aide surtout des films de court métrage à petits budgets.

Avec Mamoun Hassan (qui assurera plus tard la direction de NFFC de 1979 à 1983) le BFI Production Board se lance entre 1970 et 1976, dans une politique ambitieuse, tant par le propos des films que par leur format.

C'est ainsi que Bill Douglas pourra tourner, entre 1971 et 1977, sa célèbre trilogie autobiographique, soit trois moyens métrages : *My Childhood*, *My Ain Folk*, *My Way Home*, films uniques à tous égards.

Autre exemple de production hors normes : le *Winstanley* de K. Brownlow et A. Mollo (1972-1975) dont le tournage, échelonné sur plusieurs mois, suit les saisons et reconstitue de main de maître l'époque de la Révolution et des *diggers*[1].

Avec *A Private Enterprise* (1975), récit de la résistible ascension d'un jeune Pakistanais, Peter Smith signe une œuvre qui préfigure largement *My Beautiful Laundrette*, tandis que Horace Ové, avec *Pressure*, décrit – bien avant les émeutes raciales de Brixton et d'ailleurs – les contradictions de la société britannique à l'égard des citoyens de ses anciennes colonies.

Moon Over the Alley de Joseph Despins est une étonnante comédie musicale et *Requiem for a Village* de David Gladwell une belle méditation sur le temps.

Dans cette période des années soixante-dix où le cinéma britannique est en pleine crise d'anémie, il ne fait guère de doute que le BFI joue un rôle de laboratoire, comme l'avait fait le GPOFU de J. Grierson dans les années trente, et que les films qu'il produit sont parmi les plus importants.

Après Mamoun Hassan, c'est Peter Sainsbury qui dirigera la production du BFI, de 1977 à 1985. Et c'est Colin McCabe qui aujourd'hui lui succède.

Avec Peter Sainsbury, le BFI va s'orienter dans une production ouvertement différente : films d'avant-garde et films militants.

C'est le cas de *Above Us the Earth* de Karl Francis (1979) chronique de la vie des mineurs gallois qui voient la fermeture de leurs puits ; de *Down the Corner* de l'Irlandais Joe Comerford, intéressante expérience de création collective avec des adolescents d'une banlieue de Dublin ; de *The Song of the Shirt* (de Sue Clayton et Jonathan Curling), évocation de la condition ouvrière féminine au XIXe siècle.

Quant aux films d'avant-garde (expression commode à défaut d'être précise) citons *Riddles of the Sphinx* de Laura Mulvey et Peter Wollen, essai sur la maternité et la féminité ; et aussi *A Walk Through H* et *The Falls*, où Peter Greenaway développait son entreprise de taxinomie, d'exploration de paysages imaginaires et de biographies inventées.

---

1. Cf. *Connaissez-vous Winstanley?* par Philippe Pilard, *La Revue du cinéma*, n° 312, déc. 1976. A. Mollo dirige le département décoration de NFTS.

Au tournant des années quatre-vingt, la production du BFI va franchir un pas important avec des films de long métrage qui, plus ou moins ouvertement, se présentent comme concurrentiels du domaine commercial. C'est là une question délicate, car n'oublions pas qu'à l'origine, la production BFI a vocation à ne circuler que dans des circuits parallèles. A ce titre, les films BFI bénéficient d'un certain nombre de dérogations favorables de la part des syndicats.

Des longs métrages de fiction tels que *Brothers and Sisters* de Richard Woolley (1980), *Maeve* de Pat Murphy (1981), *Gold Diggers* de Sally Potter (1982), *1919* de Hugh Brody (1985), connaîtront un succès d'estime, tout comme *Radio On* de Chris Petit (1979), *Ascendancy* d'Edward Bennett (1982) et surtout *The Draughtsman's Contract* de Peter Greenaway (1983) qui connaîtront en plus un succès de public.

Parmi les productions récentes du BFI, signalons *Friendship's Death* de Peter Wollen, curieux mélange de film politique et de science-fiction, et *Distant Voices, Still Lives* de Terence Davies, chronique de la vie d'une famille de Liverpool dans les années cinquante.

Avec *On the Black Hill*, Andrew Grieve nous donne une chronique paysanne. Il y décrit la vie d'une petite ferme galloise depuis le début de ce siècle à nos jours ; les héros de cette histoire sont deux jumeaux, Lewis et Benjamin qui, liés pour le meilleur et le pire, passent du monde de la reine Victoria à celui de Madame Thatcher. A défaut de renouveler le genre de la chronique, Andrew Grieve nous donne quelques scènes attachantes.

Nous n'aurons garde d'oublier les efforts déployés dans le domaine de l'animation, notamment avec les films des frères Quay, dont *Street of Crocodiles*, d'après un texte de Bruno Schulz, est l'un des films les plus originaux — toutes catégories réunies ! — de la décennie.

En quelques années, grâce à l'appui du BFI et en collaboration avec le réalisateur-producteur Keith Griffiths, les frères Quay ont réussi à créer en quelques films un étonnant monde de cauchemar et de violence, un monde «... *de rues noires, de rites ambigus, de scènes abandonnées, de longues perspectives nocturnes, de machines grinçantes aux fonctions équivoques, de panique, d'ennui et de mélancolie*[1] », comme l'écrit si bien un de leurs admirateurs, Peter Greenaway.

---

1. Cf. *Sight and Sound*, été 1986. Voir aussi l'article de Mark Le Fanu dans *Sight and Sound*, printemps 1984 ; et MFB, juin 1986.

Ces dernières années, l'action de Channel 4 est venue compléter celle du BFI, et des coproductions sont fréquentes entre les deux organismes. C'est le cas, par exemple, de *Caravaggio*, le film de Derek Jarman, l'un des succès londoniens de la saison 1986.

Il reste que la position du BFI, en matière de production, est inconfortable. Le reproche d'intellectualisme lui est fréquemment adressé. Par ailleurs, le BFI dans son ensemble est souvent accusé de pécher par bureaucratisme...

Par l'aide qu'il apporte aux ateliers et collectifs régionaux (parfois en collaboration là aussi avec Channel 4), le BFI remplit en ce moment un rôle indispensable. Entre la production institutionnelle des télévisions et du cinéma, et le cinéma d'amateur, les ateliers comblent un vide, et produisent des œuvres parfois capables d'affronter un large public.

C'est ainsi par exemple que le Amber Collective de Newcastle, animé par Murray Martin, a remporté le prix de l'Europe au Festival de Munich 1986, avec *Sea Coal / Charbon de mer*, film qui décrit la vie et le travail des nomades qui exploitent le charbon des côtes de la mer du Nord, non loin de Newcastle. Plus récemment, le Amber Collective a consacré un documentaire à un homme politique local, *T. Dan Smith*.

Autre exemple de collectif : le Sankofa Film and Video Collective, basé à Londres, dont le film présenté au London Film Festival, *The Passion of Remembrance* de Maureen Blackwood et Isaac Julien, évoque la situation de la femme noire dans la Grande-Bretagne contemporaine, tout comme *Handsworth Songs* de John Akomfrah (Black Audio Film Collective) évoque les récentes émeutes raciales.

Quant au Leeds Animation Workshop, comme son nom l'indique, il s'est spécialisé dans le film d'animation.

Il est à noter que, grâce à un accord négocié avec l'IFVA (Independent Film and Videomakers Association) en 1982, les syndicats reconnaissent le caractère culturel et financier particulier à certains collectifs et permettent l'emploi de techniciens professionnels dans des conditions spécifiques.

Il a fallu attendre 1971, et l'ouverture de National Film School, sous la Présidence de lord Lloyd of Hampstead et la direction de Colin Young, pour que la Grande-Bretagne se dote d'une école officielle de cinéma.

Jusque-là, les cinéastes étaient soit formés sur le tas dans l'industrie du cinéma ou de la télévision (BBC organisant à cette fin

Girls Night Out de Joanna Quinn.

des cours spécifiques), soit obligés de suivre les cours d'écoles privées, en Grande-Bretagne ou à l'étranger.

L'étude préliminaire à la mise en place de NFS, menée à l'initiative de Mrs. Jenny Lee, remonte à 1965. Elle fut suivie par la mise en place d'une commission (Lloyd Committee) qui fit connaître son rapport en 1967. En 1971, à l'automne, l'école accueillait ses premiers étudiants.

«Le début fut étrange, dans les vieux studios abandonnés de Beaconsfield, (à 40 kilomètres de Londres), préalablement occupés par Crown Film Unit, Group 3, British Lion, Anvil Films, les "joyaux de la couronne des films britanniques"..., raconte Colin Young. Nous avions 25 étudiants, pas de chauffage, un projecteur et un écran portatif, un grain de folie et un manque total de patience...»

Rapidement les activités de l'école vont s'étendre à la télévision, et l'école porte maintenant le nom de National Film and Television School.

NFTS accueille quelque soixante-quinze étudiants (soit vingt-cinq par année) sur une scolarité totale de trois années[1]. Les étudiants reçoivent une formation spécifique en fonction des spécialités choisies: animation, décoration, prise de vues, son, montage, mise en scène, scénario, documentaire, production. Les étudiants doivent acquitter des frais de scolarité assez élevés, pour lesquels ils peuvent demander une bourse d'études[2].

« *Cela peut paraître cher*, déclare un ancien étudiant, le réalisateur Stephen Bayly, *mais c'est un enseignement très sophistiqué, le meilleur possible! Je crois que seuls les pilotes de chasse reçoivent un enseignement plus coûteux!* »

Car NFTS accueille non seulement des jeunes, mais aussi des professionnels qui souhaitent se recycler ou changer de branche professionnelle.

Dans la renaissance du cinéma britannique, NFTS a joué un rôle indiscutable, grâce à l'équipe réunie à Beaconsfield, grâce aussi à la forte personnalité de son directeur Colin Young.

Cet Ecossais malicieux, dont l'expérience professionnelle passe par un long séjour aux Etats-Unis (il présida aux destinées de l'école de cinéma de UCLA à la fin des années soixante), est aussi homme de relations publiques, grand voyageur, conférencier intarissable et humoriste militant. Fin pédagogue, fin psychologue, fin politique, il a su, en quelques années, faire de son école l'une des meilleures du monde, dans un environnement qui, à l'origine, n'était guère favorable.

L'une des forces de NFTS tient aux liens extrêmement étroits qu'elle entretient avec la production cinématographique et télévisuelle, ainsi qu'avec les divers syndicats et associations professionnelles. Aussi, quand en 1984, Colin Young reçut, au nom de NFTS, le Michael Balcon Award pour sa contribution au cinéma et à la télévision, la récompense n'était pas seulement un hochet, mais bien le geste de reconnaissance d'une profession.

Des liens de l'école avec la profession, Colin Young donne un exemple: « *... Le film de fin d'études de Malcolm Mowbray* (**The Path of the Weft***, 1975) a été vu par David Rose (maintenant à Channel 4)*

---

1. Système comparable à celui de la FEMIS (qui succède à l'IDHEC) à Paris.
2. Prix des études en 1986: étudiant britannique ou CEE: 1600 livres; étudiant étranger: 3300 livres (par an).

*qui lui a commandité la mise en scène pour BBC d'un autre scénario déjà écrit (**Days at the Beach**, 1980). Ce film plut beaucoup à Alan Bennett qui lui proposa de travailler avec lui : le résultat fut **A Private Function**, (1984)...»*

La réussite de NFTS est évidente.

Parmi la première vague des étudiants, on trouve, entre autres, les noms de Bill Forsyth, Michael Radford, Jana Bokova, Nick Broomfield et Joan Churchill; et plus récemment, les scénaristes Maggie Brooks, Ruth Carter, Richard Burridge ou Martin Stellman, les opérateurs Roger Deakins, (**Another Time, Another Place**, **The Kitchen Toto**), Gabriel Beristain **(Caravaggio)** ou des metteurs en scène comme Conny Templeman, Julian Temple ou Terry Davies...

Bien entendu, il existe d'autres écoles de cinéma qui jouent, elles aussi, leur rôle. C'est le cas, par exemple, de l'école privée London International Film School et du Département Communication de Polytechnics of Central London, ces deux établissements étant, avec NFTS, les seuls reconnus par les syndicats professionnels.

Par ailleurs, de nombreuses universités et écoles des beaux-arts ont constitué des départements cinéma dont les étudiants travaillent en direction de la fiction, du documentaire et de l'animation.

Dans ce domaine, en particulier, on a pu noter ces dernières années que la participation britannique à des festivals spécialisés — les JICA (Journées Internationales du Cinéma d'Animation) d'Annecy, par exemple — est d'un excellent niveau et se voit fréquemment décerner des prix.

En 1979, Alison de Vere reçoit le Grand Prix des JICA pour **Mr. Pascal**. En 1983, Jonathan Hodgson (du Royal College of Arts) est primé avec **Night Club**, et en 1985, c'est Suzan Young (toujours le Royal College of Arts) avec **Carnival**, ainsi que Alison Snowden (NFTS) avec **Second Class Mail**. En 1987, c'est au tour de Joanna Quinn (Chapter Film Workshop de Cardiff) d'être primée avec **Girls Night Out**. Egalement en 1987, le long métrage d'animation de Jimmy Murakami, **When the Wind Blows** (qui reprend le thème du péril nucléaire, comme jadis **The War Game** de Peter Watkins) reçoit le prix du long métrage des JICA.

Neil Jordan.

Indigenous ?

«*Notre pays est devenu un conservatoire de symboles ethniques*» déclarait, il y a peu, Tony Smith, le directeur du BFI. Sans doute songeait-il à l'Empire et à ses enfants d'outre-mer qui, un jour, manifestèrent à Londres sous des banderoles où l'on pouvait lire : «*We are here, because you were there !*» (Nous sommes ici, parce que vous êtes allés là-bas...)

Le cinéma britannique a longtemps exploité une veine coloniale où l'Inde et sa conquête tenaient une large place. Dans les années trente-quarante, la production Korda, entre autres, s'est distinguée avec des films tels que *The Drum / Alerte aux Indes*, (1938) ou *The Four Feathers / Les Quatre Plumes blanches*, (1939), *The Jungle Book / Le Livre de la Jungle*, (1941), éloges vibrants de l'impérialisme signés par Zoltan Korda. Il s'était ainsi créé un véritable genre que Hollywood n'avait pas manqué d'exploiter avec par exemple *Lives of a Bengal Lancer / Les Trois Lanciers du Bengale*, (Hathaway, 1935), ou *Gunga Din* (G. Stevens, 1939). L'ombre de Kipling et autres auteurs impériaux planait sur ce cinéma.

En 1975, John Huston avec son beau film *The Man Who Would be King / L'Homme qui voulut être roi*, (d'après Kipling !) a proposé un admirable décodage critique de ce genre : Sean Connery et Michael Caine y incarnaient de redoutables — et néanmoins sympathiques — soldats-forbans à la recherche d'un trésor fabuleux. Huston y greffait sa thématique de l'échec et de l'absurde, tout en peignant des aventuriers hauts en couleur, chez qui le racisme et la cupidité n'excluaient ni le courage ni l'humour.

Avec les années quatre-vingt — peut-être a-t-il fallu une trentaine d'années pour que l'idée de l'indépendance de l'Inde soit digérée par l'imaginaire national — le cinéma britannique se tournera à nouveau vers l'Inde, avec, bien entendu, un point de vue différent.

A cet égard, le film d'Attenborough, *Gandhi*, a marqué une date : d'une part en raison de son succès et de la collection d'oscars à Hollywood, mais plus encore comme œuvre symbolique d'un constat post-colonialiste. En rendant hommage à celui qui fut son adversaire acharné, la Grande-Bretagne exorcisait − ou tentait d'exorciser − le traumatisme de la perte de l'Empire. Toutefois, l'emploi de Ben Kingsley dans le rôle de Gandhi (au lieu d'un comédien 100 % indien), tout comme le fait que le film fut financé principalement par des capitaux américains, relativise sérieusement les choses. Il est important de savoir aussi que Richard Attenborough avait ce projet en tête dès les années cinquante. Il reste que la Grande-Bretagne fut, par ce film, confrontée à une image de son colonialisme peu plaisante. Notamment la description du massacre d'Amritsar en 1919, l'une des grandes séquences du film, eut le mérite de ne pas être ambiguë.

Ambigu, le succès de *A Passage to India* réalisé d'après le roman d'E.M. Forster par David Lean, trois ans plus tard, l'est beaucoup plus. Cette ambiguïté apparaît dès lors qu'on se reporte au roman. C'est son expérience directe que Forster transcrit dans le roman qu'il publie en 1924. A l'occasion de voyages et de séjours qu'il fait aux Indes, Forster constate le racisme de ses compatriotes, mais aussi le philistinisme de la classe supérieure indienne : les deux lui font horreur. A bien des égards, le personnage de Fielding (James Fox dans le film) sera le porte-parole des sentiments et opinions de Forster : la bêtise, la lâcheté, les préjugés sont partout haïssables. Dans ce roman comme dans les autres, Forster plaide passionnément pour la liberté et la sincérité du jugement individuel, opposées à la pression sociale. C'est pourquoi à sa parution, le roman de Forster suscita l'indignation des milieux britanniques et indiens. Forster, homme libre, dérangeait : sa sincérité, sa clairvoyance passèrent pour de la provocation.

Soixante ans plus tard, il faut bien constater qu'on ne retrouve que peu de chose de cette liberté de ton dans le film de D. Lean. Peut-être D. Lean, comme bien des Anglais de sa génération, est-il resté, quoi qu'il en dise, un nostalgique de l'Empire. L'humanisme de Mrs. Moore (Peggy Ashcroft) ou le non-conformisme de Fielding n'y changent rien : le point de vue de Lean est sans doute assez proche de celui de Heaslop (N. Havers). Aux journalistes qui l'interviewent, David Lean déclare par exemple : «*Après tout, aux Indes, tout ce qui fonctionne, les ponts, les routes, les trains c'est nous qui l'avons apporté…*»

L'attitude de James Ivory et de Ruth Prawer Jhabvala est — ce n'est guère surprenant — d'une autre qualité. Pour avoir vécu longtemps aux Indes, pour y avoir tourné de nombreux films, l'un et l'autre nous proposent dans **Heat and Dust** une image bien plus fine — et pourtant critique — des rapports anglo-indiens. Le film est l'adaptation du premier roman écrit par Ruth Prawer Jhabvala aux Indes. Le remaniement effectué est important : en particulier, Ruth Prawer Jhabvala et James Ivory ajoutent à celle des années vingt une intrigue contemporaine, ce qui permet d'introduire dans la narration un point de vue distancié. Il est évident que le personnage contemporain d'Anne (Julie Christie) «commente» celui d'Olivia (Greta Scacchi). De même, le personnage du jeune Américain (Charles McCaughan) fasciné par la spiritualité indoue, finalement terrassé par la maladie, et rapatrié en avion sanitaire sur la Californie, est un clin d'œil significatif.

Il est intéressant de rappeler que le thème impérial indien n'est pas limité au cinéma. La télévision s'en est emparée : la série **Jewel in the Crown**, produite par Granada, en est un bon exemple.

Avec **The Blood of Hussain** (1980), le jeune cinéaste anglo-pakistanais Jamil Delhavi a réalisé une très belle chronique épique sur le thème de la liberté : au travers d'un récit mythique situé en l'an 680, il développe une métaphore de la situation contemporaine. En 1986, Delhavi a réalisé, avec l'aide de Channel 4, **Born of Fire / Né du feu**, intéressante tentative de synthèse entre le fantastique anglais et la tradition inspirée du soufisme.

Depuis les années soixante-dix, est apparu en Grande-Bretagne un autre cinéma indo-pakistanais : écrit et réalisé en Grande-Bretagne même, il entend décrire la situation de ces citoyens du Commonwealth venus s'installer dans ce qui fut jadis le cœur de l'Empire.

Dès 1975, **A Private Entreprise** de P. Smith, produit par le BFI-PB, avait décrit avec intelligence et humour l'imbroglio social et racial vécu par un jeune Pakistanais à Londres. Cette thématique sera reprise et développée, avec le succès que l'on sait, près de dix ans plus tard, par S. Frears et H. Kureishi, dans **My Beautiful Laundrette**. L'exploitation de ce thème ne donne pas toujours des films intéressants : témoin la désastreuse comédie de Ronald Neame, **Foreign Body** (1986), où Victor Banerjee gâchait son talent dans le rôle d'un docteur-charlatan, devenu la coqueluche du Londres branché.

Autrement intéressant est le film de Mary McMurray et Elizabeth Bond, toutes deux formées à la télévision, **The Assam**

Garden (1985). Deborah Kerr y incarne joliment une veuve d'un certain âge, Helen, qui a vécu jadis en Assam avec son mari. Ce dernier, ancien planteur de thé, a consacré sa retraite à la création d'un jardin indien dans sa propriété de Grande-Bretagne. Mais il meurt avant d'avoir réalisé son rêve : figurer dans la prestigieuse nomenclature des « Great English Gardens ». C'est sa veuve qui y parviendra grâce à l'aide inattendue de Ruxmani, une Indienne (Madhur Jaffrey) habitant le lotissement voisin de la propriété. Une amitié se fait jour entre les deux femmes ; mais Ruxmani rêve de regagner son pays, et Helen se retrouvera seule. Pour leur premier long métrage, la scénariste Elizabeth Bond et la réalisatrice Mary McMurray remuent, sans en avoir l'air, le couteau dans la plaie : barrières sociales, préjugés raciaux, conflits des générations, situation de la femme dans les sociétés britannique et indienne, le bilan anglo-indien est décrit sans illusions.

La grande comédienne Madhur Jaffrey est une habituée des films de James Ivory. On n'a pas oublié son interprétation de la comédienne de cinéma Manjula, dans *Shakespeare Wallah*. En 1973-1974, elle avait incarné la princesse, face à James Mason, dans *Autobiography of a Princess / Autobiographie d'une princesse*. Dans ce film drôle et cruel, James Ivory et Ruth Prawer Jhabvala exploraient la mentalité des anciens princes et autres maharajahs, ruinés par la démocratisation de leur pays, et déchirés entre les cultures indienne et européenne. On y entrevoyait − sans réelle surprise − que la nostalgie de l'Empire n'est pas réservée aux seuls Anglais…

Des historiens bien informés ne manqueront pas de faire remarquer qu'avant de s'exercer outre-océan, le colonialisme anglais s'est manifesté dans son voisinage immédiat, en Ecosse et en Irlande notamment.

C'est ce qu'avait rappelé en son temps Peter Watkins avec *Culloden* (BBC, 1964) qui décrivait la bataille où, non loin d'Inverness, les troupes du duc de Cumberland écrasèrent en 1746 celles des Highlanders commandées par Charles Edward Stuart, et les massacres qui suivirent…

Après le succès de *Gregory's Girl* et de *Local Hero*, Bill Forsyth s'est voulu le défenseur d'un nouveau cinéma écossais[1] ; ce qui ne l'empêchait pas d'avoir conscience des difficultés de l'entreprise. « *Il n'est pas facile de faire du cinéma dans un pays qui ne compte que 80 salles…* », remarquait-il.

---

1. Cf. *Sight and Sound*, été 1983, article de J. Brown.

Travellers de Joe Comerford.

En tant qu'humoriste écossais, Forsyth a suscité des émules. C'est le cas, par exemple, de **Heavenly Pursuits** (1986) écrit et réalisé par Charles Gormley, (qui fut le partenaire de Forsyth et se fit connaître à la télévision avec **Living Apart Together**). Gormley nous raconte les aventures faussement naïves d'un jeune médecin, Vick (Tom Conti) confronté au mystère d'un miracle dans une école catholique de Glasgow. Décidément, le modèle des comédies *Ealing* reste vivace...

L'Ecosse est certes un haut-lieu de l'imaginaire cinématographique anglo-saxon. (Faut-il rappeler **Brigadoon** ?) C'est sans doute ce qui a conduit à la production de **Highlander** (1986), super-navet à la sauce vidéoclip, mis en scène par l'Australien Russell Mulcahy. En 1982, avec **III Fares the Land**, Bill Bryden recrée l'évacuation de l'île de St. Kilda, en 1920, au moment de l'épidémie d'influenza. Cette évacuation avait été traitée jadis, avec bonheur, par Michael Powell dans **The Edge of the World / A l'angle du monde** (1937)[1].

La même année, Barney Platts-Mills, cinéaste attachant à qui l'on doit deux des meilleurs films du début des années soixante-dix, **Bronco Bullfrog** (1970) et **Private Road** (1971), se lance dans une aventure un peu folle. Il s'agit du tournage de **Hero** (1982), film inspiré des contes des Highlands, collectage effectué par J.-F. Campbell en 1860. Le film, interprété par des non-professionnels recrutés dans les quartiers populaires de Glasgow, est entièrement dialogué en gaélique. *«Je ne suis pas sûr d'avoir rendu service à l'ancienne culture écossaise*, reconnaîtra plus tard Platts-Mills,[2] *pas plus qu'au gaélique. Je m'en suis servi comme d'un tromblon (sic) et je le regrette... Mais ce n'est pas une histoire anglaise, et ça devait être tourné en gaélique ! Il est seulement bien dommage que les autochtones ne parlent plus leur langue parce que ces sales Anglais l'ont chassée de leur tête !»... «Le film conte une histoire héroïque et triste, pleine de magie, de fantastique et de signes d'une culture oubliée. Il s'efforce de nous montrer que la destruction de cette culture est un crime que l'Ecosse paye encore aujourd'hui...»*, commentait D. Malcolm[2].

---

1. En réalité, Powell tourna à l'île de Foula dans les Shetlands. Cf. *A Life in Movies* par Michael Powell op. cit. Sur **III Fares the Land**, cf. *Sight and Sound*, hiver 1982-1983, article d'E. Sussex.

2. Cf. *Monthly Film Bulletin* (déc. 1982), article de R. Combs et le Catalogue du 26e Festival du Film de Londres.

Phyllis Logan dans *Another Time, Another Place* de Michael Radford.

Plus connu est **Another Time, Another Place** (1983) de Michael Radford, écrit avec Jessie Kesson. En travaillant pour BBC Scotland, Radford fit la connaissance de cet écrivain dont certains souvenirs servirent de base au scénario : la confrontation de deux mondes quand, en 1944, des prisonniers italiens sont envoyés dans une ferme de la région de Black Isles (au nord d'Inverness) pour y travailler comme manœuvres. Radford sut éviter le poids des clichés de cette situation ; et surtout il permit à la comédienne Phyllis Logan de faire une superbe composition dans le rôle principal.

A ce jour, c'est tout de même **My Childhood** (1972), de l'écossais Bill Douglas, qui reste la plus belle et la plus émouvante évocation de l'Ecosse des années de guerre.

Autre haut lieu d'un certain exotisme cinématographique, l'Irlande.

My Childhood de Bill Douglas.

A l'exception de *Cal* de Pat O'Connor, la plupart des films britanniques ne font qu'évoquer le conflit de l'Ulster[1].

On sait que plusieurs émissions de télévision concernant l'Ulster ont donné lieu à des censures partielles; des grèves et des débats très vifs ont à cette occasion, secoué BBC, ITV et le Parlement. On sait aussi que Ken Loach a longtemps voulu tourner un film traitant du conflit. En vain.

En 1983, John Davies (collaborateur de Pat Murphy dont nous parlerons plus loin) a réalisé pour Channel 4 un film très sarcas-

---

1. Nous parlons des films commerciaux. Il existe par ailleurs des films militants tels que *Ireland Behind the Wires* (1974) produit par le Berwick Street Collective.

tique, **Acceptable Levels**, décrivant une équipe de télévision britannique tournant un documentaire sur des enfants à Belfast. Que se passe-t-il quand un drame inattendu — la mort d'un enfant tué par une balle de plastique — se produit?

La crise irlandaise est évoquée dans le thriller de John Mackenzie **The Long Good Friday/Racket** (1981) où un gangster londonien (Bob Hoskins) se retrouve coincé entre l'IRA et la mafia. (Le thème de l'Irlande comme toile de fond à un thriller a été repris dans **A Prayer for the Dying** (1987), film calamiteux dont le réalisateur Mike Hodges a préféré retirer son nom.) Les effets de la guerre sur les jeunes soldats apparaissent dans **Radio On** (1979) de Chris Petit, et plus nettement dans **Looks and Smiles** (1981) de Barry Hines et Ken Loach. Dans **Four Days in July** (BBC, 1986) Mike Leigh décrit la guerre à travers la lassitude des civils. Et dans **Boy Soldier** (1986) Karl Francis, avec sa fougue coutumière, dénonce l'impérialisme anglais tant à l'égard de l'Irlande que du pays de Galles; son héros, un jeune chômeur gallois, Thomas (Richard Lynch) s'engage dans l'armée faute d'autre emploi et se retrouve dans les bataillons spéciaux chargés d'intervenir dans les points chauds de l'Ulster. Le film de Karl Francis est aussi une vibrante condamnation de la machine militaire et de la mauvaise conscience politique.

Avec **Ascendancy** (1982) Edward Bennett et son co-scénariste Nigel Earing construisent une intrigue située à Belfast en 1920. Leur héroïne, Connie (Julie Covington), est la fille d'un propriétaire de chantier naval protestant, dont les ouvriers se mettent en grève. La jeune femme, repliée sur elle-même après la mort de son frère durant la Grande Guerre, ignore la crise sociale et politique qui l'entoure. La conscience qu'elle en prend n'en est que plus dure. «*Je ne m'intéresse ni aux chansons de marche, ni aux travailleurs qui défilent noblement sur fond de soleil couchant, déclare E. Bennett[1]. Je souhaite guider le public là où, normalement, il ne serait pas allé…*»

Avec **Eat the Peach** (1986) — titre emprunté à un poème de T.S. Eliot — Peter Ormrod nous propose une comédie contemporaine en forme de fable. Son héros, Vinnie (Stephen Brennan) est au chômage après que l'usine japonaise qui l'employait a fermé ses portes. Grand admirateur d'Elvis Presley, Vinnie décide de construire, avec l'aide de son beau-frère, un mur de la mort, sur lequel il se produira en motocyclette… Vinnie construira son mur de la mort mais ne gagnera pas d'argent pour autant. Rêverie américaine

---

1. Cf. *Monthly Film Bulletin*, mai 1983, article de J. Pym.

sur paysage de tourbière, évocation de la contrebande et des trafics entre les deux Irlandes, Peter Ormrod fait preuve d'un humour plus amer que doux et d'un ton très particulier.

La cinéaste irlandaise Pat Murphy s'est attachée à aborder la réalité de son pays d'une manière plus originale avec **Maeve** (1981) et **Anne Devlin** (1984). Maeve (Mary Jackson) est une jeune femme qui, après avoir vécu à Londres, rentre chez elle à Belfast : elle redécouvre sa ville et ses déchirements. Quant à Anne Devlin (Brid Brennan, l'une des comédiennes les plus originales de sa génération, et que l'on voit également dans **Four Days in July**) c'est la compagne de route du révolutionnaire irlandais Robert Emmet qui, en 1803, tenta de renverser la domination anglaise et d'instaurer la république[1]. Dans ces deux films, Pat Murphy décrit un phénomène bien connu dans d'autres pays ou sociétés opprimés : comment l'homme irlandais reproduit à l'encontre de la femme sa propre oppression.

« D'une certaine manière, et surtout sur le plan économique, l'Irlande appartient au tiers monde, et en même temps, à la culture de l'Europe occidentale développée : d'où des contradictions et des déchirements considérables… », remarque le cinéaste Neil Jordan.

Neil Jordan s'est fait connaître en France avec **The Company of Wolves / La Compagnie des loups** et surtout **Mona Lisa**, pour lequel Bob Hoskins a reçu le prix d'Interprétation à Cannes en 1987.

« En Irlande, c'est la tradition littéraire qui domine, et comme beaucoup de jeunes Irlandais, j'ai voulu devenir écrivain. Mais j'ai vite pris conscience que le poids de cette tradition était trop lourd pour moi : comment écrire après Joyce, Yeats ou Beckett ?…, raconte Neil Jordan[2]. *Je rêvais de cinéma. Enfant, je pensais que les films étaient créés par des machines ou par des dieux, je n'imaginais pas que ce soit le résultat du travail des hommes… Puis j'ai eu la chance de rencontrer John Boorman qui avait lu certains de mes scénarios. J'ai été son assistant sur* **Excalibur**, *j'ai même fait un court métrage sur ce tournage. J'ai écrit* **Travellers** *qui a été réalisé par Joe Comerford. Puis j'ai tourné* **Angel**, *mon premier film, produit par John Boorman[3]. Puis, ça a été* **The Company of Wolves** *sur un scénario d'Angela Carter, puis* **Mona Lisa**, *écrit avec David Leland… »*

Dernier en date des films de Neil Jordan, **High Spirits** (1987-1988) : un hôtelier irlandais invente un fantôme pour mieux capter

---

1. Cf. *Monthly Film Bulletin*, janvier 1986, article de J. Petley.
2. Interview par Philippe Pilard.
3. J. Boorman a œuvré au début des années quatre-vingt à une tentative de « décollage » du cinéma irlandais.

Boy Soldier de Karl Francis.

une clientèle américaine, jusqu'au moment où le vrai fantôme décide d'intervenir. (Comment ne pas songer au *Fantôme à vendre* que René Clair tourna jadis pour Korda?) *«J'ai voulu faire une vraie comédie qui soit en même temps une histoire liée au fantastique, au surnaturel, dit Jordan, une intrigue très complexe, très embrouillée, où tout doit se résoudre dans les dix dernières minutes…»*

Travellers (1979), premier film écrit par Jordan et réalisé par Joe Comerford (l'auteur de *Round the Corner*), était moins prime-sautier: ils y traçaient le portrait de jeunes nomades vivant dans la plus noire misère tant physique que morale et intellectuelle.

Dans son dernier film, *Reefer and the Model*, Joe Comerford revient à des personnages dont le désespoir et l'errance ne sont pas

Bob Hoskins et Robbie Coltrane dans *Mona Lisa*.

sans rappeler ceux de *Travellers*. Reefer (Ian McElhinney) est un ancien de l'IRA qui s'est «rangé des voitures». Son amour inattendu et conflictuel pour une jeune femme surnommée le «Modèle» (Carol Scanlan), va le conduire à se relancer dans une nouvelle

Ascendancy d'Edward Bennett.

aventure sans espoir. Le film n'est pas sans défaut; mais dans sa dernière partie, par la beauté de ses images, l'efficacité de son montage
et surtout grâce à la musique de Johnny Duhan, il atteint une force
et une poésie exceptionnelles.

Avec **Angel** (1982) Jordan décrit une autre dérive, un autre
cauchemar: un saxophoniste, Danny (l'excellent Stephen Rea) se
trouve poussé à la violence pour avoir été mêlé involontairement à
une affaire de racket. Film noir traditionnel où Jordan scénariste ne
dédaignait ni l'humour ni la religion («*Qu'est-ce que le péché?*»,
demande un personnage, «*Une habitude catholique*», lui est-il
répondu), et où Jordan metteur en scène cherchait à créer un style
plastique avec l'attirail du kitsch à la mode. Rêverie noire, là aussi: le
dancing où joue Danny ne s'appelle-t-il pas Dreamland?

Gothic de Ken Russell.

Amelia Shankley dans *Dreamchild* de Gavin Millar.

Jordan reviendra à ce style noir avec *Mona Lisa* (1986) où le conventionnel l'emporte sur l'original, et qui doit surtout son succès au face à face Bob Hoskins/Cathy Tyson.

Il faut savoir que peu de temps avant *Mona Lisa*, Jordan avait proposé à David Puttnam un scénario inspiré de la vie de Michael Collins (1890-1922), héros de l'indépendance irlandaise. Le projet resta dans un tiroir...

The Company of Wolves, brillante variation sur le thème du Petit Chaperon rouge, tourné en studio avec une profusion d'effets spéciaux remarquables (confiés à Stuart Robinson et à Peter McDonald) fut le grand succès de la saison 1984-1985 à Londres[1]. Ce que Jordan appelait lui-même un « cauchemar sensuel » touchait chez le public anglo-saxon une corde particulièrement sensible...

---

1. Cf. *Monthly Film Bulletin*, sept. 1984, article de P. Taylor et S. Jenkins.

En effet, si l'on en juge par le succès de **Company of Wolves**, et plus récemment par celui de **Labyrinth** (sur un scénario très proche), force est de constater qu'un certain genre fantastique autochtone a conservé un public en Grande-Bretagne.

Aujourd'hui placé sous les auspices de Freud et de Lewis Carroll, ce fantastique britannique tente de poursuivre son petit bonhomme de chemin, sans se laisser effrayer par l'avalanche de produits horrifiques *« made in USA »*.

Gothic, tentative menée par Ken Russell et le scénariste Stephen Volk pour remonter aux sources du genre, n'a pas été totalement convaincante. La situation dramatique initiale et ses personnages présentaient pourtant tous les caractères requis : les prestigieuses figures de Byron et de Shelley (Percy et Mary), la naissance des figures de Frankenstein et de Dracula. Mais le scénario de Stephen Volk ne s'est guère aventuré hors des conventions contemporaines et Ken Russell, dans sa mise en scène, s'en est tenu à ses recettes frénétiques habituelles.

The Magic Toyshop de D. Wheatley, sur un scénario d'Angela Carter, et surtout **Dreamchild** de Gavin Millar (scénario de D. Potter) sont à bien des égards plus originaux.

En particulier, **Dreamchild** développe le personnage de la vraie Alice Liddell, qui inspira le révérend Ch. Dogson, alias Lewis Carroll : dans ce film, Alice est une vieille dame qui « revisite » ses souvenirs d'enfance. L'enfance : haut lieu de la nostalgie et du fantastique privé, pour chacun d'entre nous…

Le genre fantastique a la réputation de voyager mal, et notamment de ne pas marcher en France. (Le succès cinéphilique de la production Hammer, il y a quelques lustres, est sans doute l'exception qui confirme cette règle !) Peut-être un distributeur français se décidera-t-il un jour à présenter **Dreamchild** chez nous ?

Michael Radford.

Un certain regard, un certain sourire

Humour, observation sociale : vues de France, voici deux spécialités britanniques.

En France, l'humour dit britannique a bonne réputation : on y voit souvent un comportement pince sans rire, un certain sens de l'absurde, une manière de provoquer le réel à froid. Avec des modèles tels que *Trois Hommes dans un bateau* pour la littérature, et **Kind Hearts and Coronets** pour le cinéma. La comédie à l'anglaise mise au point dans les studios de Ealing, entre 1945 et 1955 en a donné de savoureux exemples : de **Passport to Pimlico/Passeport pour Pimlico** à **The Lady Killers/Tueurs de dames**.

Mais il n'est pas inintéressant de savoir justement que **Kind Hearts and Coronets** (1949, réalisation : Robert Hamer), avait été accueilli en son temps par la critique d'outre-Manche comme un film d'esprit français. Ce qui n'est pas tout à fait faux, si l'on songe au **Roman d'un tricheur** de Sacha Guitry. L'amoralisme souriant de Guitry qui faisait rire en France, avait d'ailleurs, une fois passé la Manche, choqué plus d'une belle âme. N'oublions pas qu'Arthur Rank lui-même, sans parler du Board of Censors, veillait alors jalousement au respect de la moralité.

Les choses ont certes bien changé aujourd'hui, au moins s'agissant du cinéma, même si du côté du petit écran, nombre de personnalités et d'associations œuvrent pour la mise en place d'une censure attentive au sexe et à la violence...

En fait, l'humour britannique *« tongue in the cheek »* est surtout un produit d'exportation.

Il existe un autre humour britannique, fait de grosse blague, de paillardise et de sonores éclats de rire, qui ne répond ni aux canons de la moralité ni à ceux du bon goût victorien, mais qui n'en a pas moins ses adeptes.

Cet humour-là a fait une percée remarquée sur les écrans des années quatre-vingt.

Humour et observation sociale font souvent bon ménage, leurs effets se multipliant quand l'œuvre est réussie. (Il suffit de penser par exemple à la richesse de la comédie italienne entre 1965 et 1975.) Mais dans le cas contraire, la prétention à l'humour désamorce le constat social et le rend anodin...

Au tout début des années quatre-vingt, trois films sont particulièrement intéressants à cet égard : **Rude Boy** de Hazan et Mingay, **Britannia Hospital** de L. Anderson (scénario de David Sherwin) et **The Ploughman's Lunch**, écrit par Ian McEwan et réalisé par Richard Eyre. Chacun de ces films procède d'une démarche particulière ; en les comparant, on obtient une image de la réalité britannique qui mérite l'attention.

Rude Boy de D. Mingay et J. Hazan, a été présenté comme un film rock en raison de la présence centrale du groupe — alors en pleine gloire — des Clash.

Rude Boy est un film dont la méthode de tournage et la conception sont originales. Il s'agit d'un néo-documentaire, composé autour de personnages réels qui interprètent leur propre rôle : notamment les musiciens du groupe Clash et leur machiniste d'occasion, Ray Gange. Dans sa forme — comme dans son contenu — le film n'a rien de ces films rock, plus ou moins publicitaires, généralement répétitifs, filmés à l'occasion du tour d'un groupe. La narration est parfaitement maîtrisée, pas d'interviews, le travail de la caméra et du son est impeccable, l'image toujours bien composée...

Hazan et Mingay avaient déjà utilisé cette démarche pour **A Bigger Splash**, leur précédent long métrage (tourné à Londres, à New York et en Californie), film non moins remarquable, centré sur le peintre David Hockney.

A bien des égards, **Rude Boy** est l'inverse absolu de **Chariots of Fire**. A l'« escapisme », au passéisme du film de Hudson, Hazan et Mingay opposent un regard scrutateur sur la Grande-Bretagne de la crise économique, du chômage, du racisme, de la violence quotidienne. Le chanteur des Clash, Joe Strummer, apporte au film une note pathétique, et Ray Gange, un humour très particulier. Ce révolté amorphe, ce débrouillard calamiteux, cet enfant de Brixton, qui se définit lui-même comme un « nègre blanc », pose sur le monde un regard sans illusion ; il sait en rire, comme il rit de lui-même.

Au-delà de la chronique de la vie d'un groupe rock, **Rude Boy** est, un peu à la façon de Rohmer, avec une esthétique et un mode narratif radicalement différents, un conte moral.

Alex Cox, réalisateur de *Sid and Nancy*.

Avec **Britannia Hospital**, Lindsay Anderson et son scénariste David Sherwin renouent avec la tradition satirique qui leur avait si bien réussi dans **If** et dans **O Lucky Man/Le Meilleur des mondes possibles**. Avec ses contradictions et ses blocages, l'hôpital où se déroule l'action du film est évidemment une métaphore de la société britannique tout entière. *«Une histoire totalement contemporaine: une satire très noire, très farce, très extravagante, écrit Anderson[1]. Les thèmes: des expériences médicales irresponsables, des divisions de classe absurdes, des grèves ridicules, le mauvais usage de la télévision, l'extrémisme politique et la violence dans la rue...»*

1. Catalogue des «Rencontres Cinématographiques de Saint-Etienne», spécial «Cinéma Anglais», 1981.

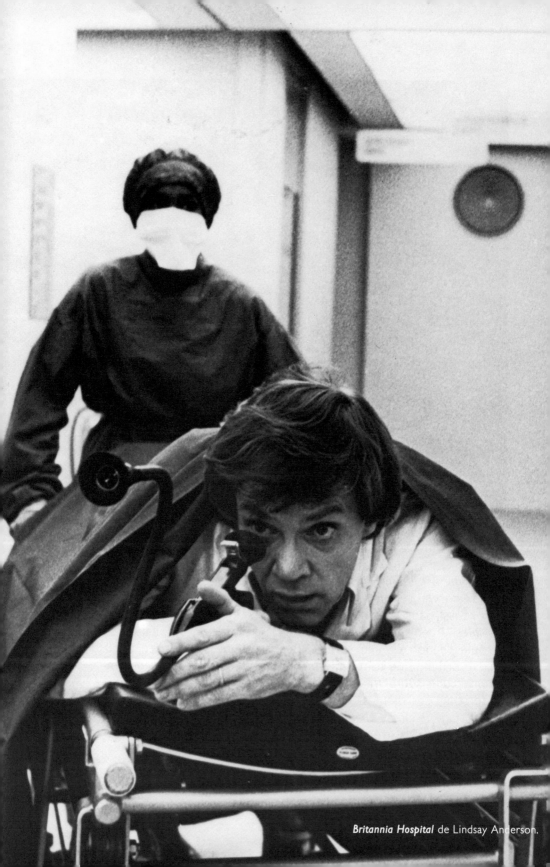

Britannia Hospital de Lindsay Anderson.

Avec la rage qu'on lui connaît, Anderson s'enflamme contre tout, ou à peu près : les syndicats, la hiérarchie, l'establishment, la famille royale, les médias... Anderson vocifère, ricane — nous entraîne à ricaner avec lui — et s'enferme, en fin de compte, dans un nihilisme boudeur.

S'agissant du cinéma britannique, Anderson avait d'ailleurs donné un amusant exemple de son talent atrabilaire, dans un article paru dans *The Guardian* du 2 mars 1981.

L'article commence dans le style andersonien : «*Sur le sujet douloureux du cinéma britannique, deux choses peuvent être dites avec certitude*, écrit-il, *il n'y a pas assez de création ; et il y a trop de critique...*»

Suit un joli morceau de «casse-pipe», où Anderson s'en donne à cœur joie contre une certaine critique coupeuse de cheveux en quatre...

Il est vrai que, pour quiconque a vécu le formidable effort que supposent la conception et la mise en œuvre d'un film, la légèreté de telle ou telle critique peut paraître le comble de l'irresponsabilité, sans parler de la pédanterie ou de la pure et simple malhonnêteté.

Mais si l'on revient à la proposition initiale d'Anderson, qui oserait affirmer qu'«*il n'y a pas assez de création*» parce qu'«*il y a trop de critique*» ?

Comme **Britannia Hospital**, l'article du *Guardian* est drôle et souvent tape dans le mille. Mais l'un et l'autre nous laissent sur notre faim : fustiger ne suffit pas. Les films antérieurs d'Anderson nous avaient habitués à une dialectique plus fine. Récemment, avec **Whales of August** tourné aux Etats-Unis, Anderson nous a montré qu'il est aussi capable de tendresse...

Avec **The Ploughman's Lunch** (scénario de Ian McEwan, mise en scène de Richard Eyre), on retrouve l'inévitable personnage du journaliste enquêteur : Jonathan Pryce y incarne (comme Malcolm McDowell dans **Britannia Hospital**), un manipulateur-manipulé.

Le journaliste n'est-il pas le lieu géométrique des contradictions de notre époque ? Est-ce un homme (ou une femme) qui expose — sinon la vérité, tâche bien difficile — au moins ce qu'il voit, ce qu'il sait, ce qu'il comprend ? Ou bien est-ce quelqu'un qui fait carrière et qui, à ce titre, doit ménager les pouvoirs politiques et financiers dont il dépend ? Est-il le tenant du «quatrième pouvoir», le garant de la démocratie, ou, au contraire, la courroie de transmission d'une machine à travestir le réel ?

La réponse de McEwan n'est pas ambiguë : pour son héros, et au-delà, pour un certain type de média, la tâche du journaliste consiste non à travestir la réalité, mais à la mouliner de telle façon qu'elle devienne comestible au palais du consommateur-citoyen. La même sauce publicitaire nappe les discours idéologiques et commerciaux. Le contrat implicite qui existe entre les médias et le pouvoir politico-financier, nous dit McEwan, est simple : c'est celui d'un échange de services réciproques. Tel média favorise tel politicien qui favorise tel média. Le système fonctionne en boucle.

The Ploughman's Lunch est un film inconfortable, auquel une certaine critique — piquée au vif ? — ne pardonna pas son caractère acerbe et son pessimisme. D'autant plus que McEwan n'a pas tiré au cordeau la ligne de partage qui sépare les « bons » et les « mauvais ».

Les personnages de droite sont montrés sans complaisance, mais ni plus ni moins que ceux qui se disent de gauche. Ainsi, le brave professeur socialiste (admirablement interprété par Rosemary Harris), installé dans un confort douillet — grâce à l'argent que gagne son publicitaire de mari en bourrant la tête du bon peuple avec des images rétro dignes de **Chariots of Fire** — n'est pas moins constitutivement lié à la société néo-libérale.

A vingt-cinq ans de distance, la « promenade militaire » des Malouines répond au débarquement franco-anglais à Suez, décidé par le conservateur Macmillan et le socialiste Guy Mollet. Il ne manque au film, pour être complet, que l'évocation de l'entrée des chars soviétiques à Budapest. L'année 1956, décidément, était faste...

Empêtré dans sa mauvaise conscience, sa fringale de réussite et sa volonté de social-réalisme, James, le héros de McEwan, travestit le passé comme il travestit le présent : au nom de l'objectivité. Pendant ce temps, les « folles » de Greenham-Common manifestent contre le péril nucléaire, comme, à Buenos Aires, celles de la place de Mai contre la terreur policière.

Le « déjeuner du laboureur », qui donne son titre au film, résume le propos : conçu par les publicitaires de la nourriture industrielle, ce repas qui prétend faire référence à un passé rural a été inventé de toutes pièces. Le bon vieux temps a vocation à faire vendre.

« L'une des idées du film, déclarait Ian McEwan[1], c'est que la réalité contemporaine est "fabriquée". Le monde doit être interprété à notre intention, et de même que nous sommes partis du "déjeuner du

---

1. *Sight and Sound*, automne 1983, interview par J. Forbes.

laboureur" et du passé "bidon", j'ai aussi voulu montrer un présent "bidon"... L'information est une sorte de fiction. Quand je suis entré pour la première fois dans une salle de rédaction, j'ai tout de suite voulu un personnage qui y travaille... Je voulais aussi une histoire d'amour dont les rebondissements et les désillusions, les tromperies reflètent la crise de Suez. Je voulais une métaphore qui fonctionne dans deux directions : privée et nationale...»

McEwan tend à nos sociétés un miroir impitoyable, où l'apathie complaisante d'une certaine gauche, comme le libéralisme à visage humain se montrent également incapables d'affronter les crises de notre temps. Ce film est sorti en 1983 : les années qui ont suivi n'ont fait qu'en confirmer la justesse du regard.

A bien des égards, le film le plus comparable à **The Ploughman's Lunch** est sans doute **Brazil** de Terry Gilliam. La présence du même comédien dans le rôle principal, (le remarquable Jonathan Pryce) incite à la comparaison. Mais, plus sérieusement sans doute, c'est un mélange détonant de pessimisme et d'humour qui rapproche les deux films.

On a également comparé, par ailleurs, **Brazil** et **1984**. Il est vrai que le ton orwellien est sans doute plus présent dans le film de Gilliam que dans celui de Radford.

Comment décrire aujourd'hui un régime totalitaire au cinéma, quand on sait que la réalité a dépassé — et dépasse encore — la fiction ? Dans ce domaine, le film documentaire est insurpassable et la fiction souvent gênante.

C'est au nom de l'efficacité, de la loi et de l'ordre, que le totalitarisme impose son ordre inhumain et destructeur. Mais il n'y parvient que grâce à la complicité intéressée ou machinale d'un certain nombre de personnes et de groupes professionnels : bureaucrates du crime, voyous déguisés en policiers, tortionnaires déguisés en médecins, militaires sans honneur, journalistes sans conscience.

Ce n'est certes pas un hasard si le personnage de plombier-guérillero (tenu par l'admirable Robert De Niro) finit par être vaincu et dévoré par des journaux !

Ce que Michael Radford réussit principalement dans le face à face entre ses deux principaux comédiens — John Hurt et Richard Burton, tous deux superbes — Gilliam le réussit dans le délire visuel : l'extraordinaire succession d'effets spéciaux renvoie le spectateur à la réalité du terrorisme d'Etat.

L'imagerie de Gilliam (qui fut, ne l'oublions pas, cinéaste d'animation) empruntée à la bande dessinée et au vidéoclip, se montre plus efficace que la grisaille fabriquée par Radford, qui hésite entre le naturalisme et l'expressionnisme. Ce que Gilliam résume malicieusement en disant: «*Le film de Radford parle de 1948, le mien de 1984.*»

Le film de Radford est certainement mieux construit, plus maîtrisé que celui de Gilliam. Mais c'est la folie – ô combien contemporaine! – de ce dernier qui nous touche. Il a fallu tout le prestige accumulé par l'équipe des Monty Python, et le succès de **Time Bandits/Bandits, Bandits** de Terry Gilliam, pour qu'un film d'une telle ambition, d'un tel coût soit mené à bien.

Brazil a reçu un bon accueil en Europe. A Paris, il est devenu un film-culte, tenant l'affiche au fil des mois dans une salle où un public assidu ne se lasse pas de le voir et de le revoir.

Ce que l'on sait moins, c'est que Terry Gilliam et son producteur Arnold Milchan ont connu de très sérieuses difficultés avec Universal – financier initial du film – qui refusa très longtemps d'en assurer la distribution aux Etats-Unis.

Plus précisément, le patron de Universal, Sid Sheinberg, était résolument hostile à la fin noire du film.

«*Quand on montre aux cadres de Hollywood quelque chose de différent, quelque chose qui est "hors normes", ils prennent peur*, commente Terry Gilliam. *On leur paye des salaires énormes pour savoir ce que veut le public, et, bien sûr, ils sont comme tout le monde, ils ne savent pas… Alors, ils ouvrent des parapluies…*»[1]

L'équipe des Monty Python, rendue célèbre au début des années soixante-dix par une série télévisée intitulée *Monty Python, Flying Circus*, est l'un des phénomènes marquants du monde audiovisuel anglo-saxon. Dans cette équipe, aujourd'hui relativement dispersée, chacun est plus ou moins comédien, scénariste, gagman, réalisateur: Terry Jones, Terry Gilliam, John Cleese, Eric Idle, Graham Chapman… Après **And Now for Something Completely Different/Pataquesse** (1972), leur premier grand succès est **Monty Python and the Holy Grail/Monty Python, sacré Graal!** (1975), où ils reprennent pour le cinéma les recettes qui ont fait leur succès à la télévision: coq-à-l'âne, insolence, sens de l'absurde, grosse blague, retournement de l'idée de mauvais goût. Au fil des ans, l'équipe se radicalise et se personnalise. Si le style de l'équipe est encore à l'œuvre dans **The Life of Brian/La Vie de Brian** (1979) et dans **The Meaning of Life/Le Sens de la vie** (1983) tous deux réalisés par Terry Jones, ou dans **Jabberwocky** (1976) signé par Terry Gilliam, les films plus récents se veulent nettement différenciés.

---

1. *AIP and C°* n° 71, janvier 1986, article de Chris Goodwin.

Après le succès de **Time Bandits** et de **Brazil**, Gilliam continue à explorer son monde fantastique et travaille à une nouvelle version des **Aventures du baron de Münchhausen**.

Quant à Terry Jones, il s'est laissé tenter par un scénario de David Leland, adapté des aventures d'une célèbre «Madame», Cynthia Payne. **Personal Services** (1986) n'ajoute rien à sa gloire ni à celle de David Leland, généralement mieux inspiré : ils se révèlent incapables de se sortir d'affaire entre un mélodrame biographique et une satire sociale plus complaisante que critique. Ce qui aurait pu être la chronique d'une «Mère Courage» du sexe, ne dépasse pas, dans ses meilleurs moments, le niveau de la farce[1].

Autre farce écrite par Terry Jones et Michael Palin, **Consuming Passions**, mise en scène par Giles Foster. Un jeune stagiaire ambitieux et gaffeur (Tyler Butterworth) se retrouve vice-président d'une société fabriquant des chocolats, après avoir précipité trois hommes dans la machine à fabriquer des *«toffees»*. Et, sans doute parce qu'un cannibale sommeille en chacun d'entre nous, voilà que ces confiseries très spéciales rencontrent un accueil triomphal. Donc... Ce scénario aurait pu donner une satire féroce. Nous nous contenterons d'une amusante pochade un peu longuette, en dépit du talent de Freddy Jones, Jonathan Pryce et Vanessa Redgrave.

En 1985, John Cleese avait connu un joli succès en interprétant **Clockwise**, mis en scène par Christopher Morahan. En 1987, il fait appel à un ancien de Ealing, Charles Crighton (qui réalisa notamment **Hue and Cry** en 1947 et **The Lavender Hill Mob/De l'or en barres** en 1951) pour mener à bien **A Fish Called Wanda**. La comédie Ealing y est mise au goût du jour avec habileté. On nous y raconte les aventures très «Ealing» d'un quatuor de filous, deux Anglais (Michael Palin et Tom Georgeson), deux Américains (Kevin Kline et Jamie Lee Curtis, qui est «Wanda») et de leur avocat (John Cleese) ; après avoir dérobé un assortiment de diamants de grande valeur, le plus dur reste à faire : qui filoutera l'autre ? Le film est déjà un succès aux Etats-Unis.

A la fin des années soixante-dix, les Monty Python bénéficient de la création de Hand Made Films, société de production fondée pour eux par l'ex-Beatle George Harrison et l'homme d'affaires américain Denis O'Brien.

---

1. Ce film a connu un grand succès en Grande-Bretagne : classé dix-neuvième dans la liste des succès de l'année 1987.

David Leland.

Hand Made, hormis les productions Monty Python, va tenter, comme bien d'autres, de rallumer le flambeau de la défunte comédie à l'anglaise, façon Ealing.

Il en résultera des films inégaux comme *Privates on Parade* (Michael Blakemore, 1982), *Water* (Dick Clement, 1985) ou assez bien réussis comme *The Missionary / Drôle de missionnaire* (Richard Loncraine, 1981) écrit et interprété par Michael Palin, que l'on retrouve aux côtés de Maggie Smith dans *A Private Function* (scénario d'A. Bennett, mise en scène de Malcolm Mowbray, 1984) sans doute le meilleur du genre.

Hand Made ne s'est pas pour autant spécialisé dans la comédie, puisque cette société a produit des films tels que *Mona Lisa* (Neil Jordan, 1986) ou *Shanghai Surprise* (Jim Goddard, 1986).

En 1987, Hand Made a abordé le romanesque psychologique avec *The Lonely Passion of Judith Hearne*, adapté du roman de Brian Moore par Peter Nelson et mis en scène par Jack Clayton. Le film nous raconte l'histoire, triste et cruelle, de Judith Hearne, vieille fille perdue dans ses rêveries sentimentales, dérivant de pension de famille en pension de famille dans le Dublin des années cinquante. (Le roman est en fait situé à Belfast.) La pauvre Judith ne trouve de consolation que dans l'éventuelle fréquentation d'une bouteille de whiskey, alors que Madden (Bob Hoskins, excellent comme d'habitude) son dernier amour, se révèle particulièrement décevant. Dans le rôle de Judith, Maggie Smith est admirable de justesse et d'émotion : tout simplement admirable.

Ce film est l'occasion de retrouver Jack Clayton, metteur en scène d'un talent peu prolixe. Ce cinéaste, souvent mésestimé, a pourtant signé de grands films ; on ne manquera pas de réévaluer son œuvre tôt ou tard.

« Le grand sujet de la période que nous vivons, déclare Stephen Frears, le metteur en scène de **Laundrette**, *c'est précisément le déclin de notre pays : la chute de l'Empire britannique ! Avec toutes les violences, les injustices qui en résultent !... Cela frappe l'imagination du monde entier ! Les créateurs s'en sont emparés et la plupart des films anglais d'aujourd'hui qui ont du succès ne traitent que de ça !...»* [1]

Le succès national et international de **Laundrette** (et dans une moindre mesure de **Letter to Brezhnev**) a lancé un nouveau genre : la comédie sociale noire.

Le contexte : la Grande-Bretagne en crise, le chômage, les affrontements raciaux, l'arrogance des riches, l'impuissance rageuse des laissés pour compte. Le paysage : des terrains vagues, des zones industrielles abandonnées, des quartiers ouvriers lépreux.

Là où les « Jeunes Gens en colère » du Free Cinema auraient développé une protestation véhémente, leurs héritiers, un quart de siècle plus tard, se tirent d'affaire en ricanant. Pas d'idées générales, pas de message, pas d'idéologie : juste un éclat de rire bien grinçant.

« Ce que je veux, c'est écrire pour un cinéma terroriste !, affirme Hanif Kureishi. *La haine du conformisme, la sexualité, la révolte, c'est cela qui m'intéresse ! Un auteur doit être terroriste, pas masseur !... Chez nous, le racisme pose de nombreux problèmes, c'est un sujet qui m'intéresse, mais je ne me veux pas porte-parole : je suis écrivain, je dis ce que j'ai à dire. Mon boulot, c'est de poser des questions, ce n'est déjà pas si mal !...»* [1] Et il ajoute : *«J'ai eu des propositions de Hollywood, mais je les ai refusées... Ce que je veux faire, ce sont des films bon*

---

1. Interview par Philippe Pilard.

marché, tournés rapidement, sur lesquels les auteurs puissent exercer leur contrôle de bout en bout...»

La leçon de **Laundrette** et de **Letter to Brezhnev** n'a pas été perdue. Il n'est pas sûr qu'elle ait été toujours reprise avec autant de brio.

Dans **Playing Away**, le scénariste Caryl Phillips et le réalisateur Horace Ové, tous deux d'origine jamaïcaine, (Ové s'était fait connaître en 1974, avec **Pressure**), choisissent la voie de la fable en demi-teinte. Une équipe de cricket d'un village du Suffolk invite une équipe d'un quartier noir de Londres, Brixton. Pendant deux jours, les communautés vivent la crise qu'on imagine. Mais il leur faut bien trouver des accommodements : après tout, les uns comme les autres sont Anglais. «*Cela se veut léger*, affirme Ové[1], *c'est une comédie, et je me suis arrangé pour montrer du bon et du mauvais des deux côtés...*»

Dans **Sammy and Rosie Get Laid / Sammy et Rosy s'envoient en l'air**, les auteurs de **Laundrette** se montrent plus sarcastiques. Ils mettent en scène un politicien d'un pays du tiers monde, Rafi (Shashi Kapoor), qui revient visiter Londres, et espère y retrouver la ville qu'il a quittée il y a trente ans. Il découvre que la société « civilisée » de sa jeunesse a laissé place à une situation de guerre civile larvée. Rafi lui-même n'est pas au-dessus de tout soupçon. Dans son pays, il n'hésite pas à user de la manière — très — forte... Evolution sociale et politique, évolution des mœurs : Sammy et Rosie vivent en couple libéré. «*Je voulais appeler le film "La Baise", mais nous avons pensé que nous aurions des problèmes.*[2] *Toujours est-il que le sujet en est la violence, la drogue, le racisme et, au moins autant, le sexe !...*»

Misère sociale et sexe également dans **Rita Sue and Bob Too** écrit par Andrea Dunbar et mis en scène par Alan Clarke. L'action est située à Bradford. Deux très jeunes femmes, dont le petit boulot consiste à jouer les baby-sitters (en bon français !), s'ennuient entre le collège et leur HLM. Un agent immobilier, du type chaud lapin, sera le remède à leur ennui.

En appuyant ses effets de mise en scène, Alan Clarke gomme les potentialités du scénario plus qu'il ne les exploite. Le comique de certaines situations et des dialogues (pas toujours de la dentelle !), mais surtout l'énergie des principales actrices, Michelle

---

1. *The Guardian*, 25/11/1986, article d'Angela Neustatter.
2. Cela n'a pas empêché le film d'avoir des difficultés avec la censure aux Etats-Unis.

Rita Sue and Bob Too d'Alan Clarke.

Holmes et Siobban Finneran, sauvent un film dont l'aspect le plus intéressant est sociologique.

Avec la ville de Bradford (dont elle est originaire) Andrea Dunbar peint une réalité contemporaine éprouvante. Cette ville, située entre Manchester et Leeds fut, au siècle dernier et jusqu'au début de celui-ci, un haut lieu industriel de la production textile. Elle semble aujourd'hui accumuler les malheurs. C'est à Bradford que vivait le tueur du Yorkshire (arrêté en 1981), ce moderne Jack l'Eventreur qui terrorisa la Grande-Bretagne durant des années; c'est là qu'en mai 1985, l'incendie d'un stade de football tua en quelques minutes une cinquantaine de personnes; Bradford compte 400 000 habitants, dont 60 000 musulmans, la plupart Pakistanais; Bradford souffre d'un taux de chômage de plus de 20 % et bat le record des agressions racistes; son maire pakistanais dut démissionner; c'est à Bradford que se développa une polémique — bientôt nationale — autour d'un directeur d'école, auteur d'écrits racistes dans un journal local; etc.

Dans une brillante exploration de la ville (à la manière d'un J.B. Priestley ou d'un G. Orwell) Hanif Kureishi écrit: «*Bradford m'apparaissait comme le microcosme d'une certaine société britannique qui se débat… Sa lutte n'est pas perçue par les gouvernants qui, après tout, sont issus d'un monde bien éloigné de celui d'aujourd'hui. En 1945, l'Angleterre gouvernait six cents millions de personnes. Et l'on voyait peu de Noirs dans les rues…*»[1]

Le sexe: homosexuel ou hétérosexuel, un certain cinéma anglais ne cesse pas de le découvrir, non plus seulement dans le dialogue (les fameux « mots de quatre lettres », si longtemps proscrits, sont en usage depuis trois ou quatre lustres) mais aussi en action. On ne se contente plus d'en parler, on le montre. Cette libération est-elle représentative de la société dans son ensemble?

«*Je crois que les valeurs morales montrées dans mon film*, déclare David Leland, l'auteur de **Wish You Were Here**, *sont restées très vivaces aujourd'hui!… Un certain mode de vie a changé, depuis les années cinquante, au moins dans les grandes villes. Mais partout ailleurs, il n'y a que peu de différence. Dans le domaine sentimental et sexuel, les jeunes, pour la plupart, n'ont pas d'autre guide que le silence de leurs parents. L'ignorance et les préjugés passent d'une génération à l'autre…*»[2]

Wish You Were Here trace le portrait d'une jeune fille, Linda, confrontée à la tranquille hypocrisie d'une petite ville du bord de mer, au début des années cinquante. Leland s'est inspiré, en partie au moins, des souvenirs de Cynthia Payne, au moment où il travaillait sur le projet de **Personal Services**. «*J'ai écrit ce film également en réaction contre l'idée que les années cinquante étaient une période romantique. Je me souviens des années cinquante, ce n'était pas comme ça du tout!*», ajoute Leland.

Comme **Laundrette**, **Wish You Were Here** a été un grand succès aux Etats-Unis. «*Il n'y a pas si longtemps*, remarque Leland, *la première critique qu'on faisait chez nous à un scénario, c'était: "Ça ne marchera jamais aux Etats-Unis! Pourquoi ne pas inventer un personnage américain, pour vendre aux Etats-Unis?" C'est fini maintenant, sauf pour les imbéciles…*»

L'efficacité du film de Leland tient surtout au choix de l'actrice qui interprète Linda, la jeune Emily Floyd. Elle a, depuis, été engagée par Suzan Seidelman pour tourner **Cookie** aux Etats-Unis avec Peter Falk. Son énergie fait passer un personnage et des situations qui

---

1. Cf. *Granta*, hiver 1986.
2. Interview par Philippe Pilard.

Emily Lloyd dans *Wish You Were Here* de David Leland.

veulent trop souvent plaire ou choquer, ou plutôt, plaire en choquant. La fuite en avant de Linda est, tout compte fait, plus tragique que comique et sa révolte, guère plus efficace que celle du personnage qu'interprétait jadis Albert Finney dans **Saturday Night and Sunday Morning**: démarche plus autodestructrice que révoltée.

Dans **Eat the Rich** (de Peter Richardson et Pete Richens) la farce se veut fable. L'action se situe dans un avenir proche: l'arrogance des uns et la misère des autres n'ont fait qu'empirer. Un jeune chômeur, Alex, se lance dans une entreprise de restauration d'un genre particulier. Comme l'écrit un critique, c'est un «*mélange d'Orwell et de* **Carry On**»[1]...

Tout se passe comme si le mot d'ordre d'aujourd'hui était de reprendre les bonnes vieilles recettes de la comédie Ealing des années cinquante, en l'assaisonnant des piments qui lui étaient alors interdits: principalement sexe et politique. Le résultat est parfois

1. *Screen International*, août 1987.

Mike Newell, réalisateur de *Dance With a Stranger*.

drôle, parfois insignifiant. Le plus souvent, c'est la qualité de l'interprétation qui évite le pire.

Dans ces conditions, on s'étonne que la production de ***Business As Usual*** (écrit et réalisé par Liz Ann Barrett) n'ait pas exigé un traitement comédie noire. Le film nous raconte les démêlés de la gérante d'une boutique de vêtements (Glenda Jackson) avec son patron, dès lors qu'elle prend la défense de l'une de ses employées (Cathy Tyson) en butte aux attentions pressantes d'un cadre de la société. La brave femme découvre à la fois l'action syndicale et le combat féministe. Trop beau pour être vrai, dira-t-on. Tout le monde n'est pas Ken Loach…

En 1984, ***Dance With a Stranger*** (scénario de Shelagh Delaney, mise en scène de Mike Newell) avait aussi marqué une date. En décrivant l'itinéraire tragique de Ruth Ellis, meurtrière de son amant, et qui fut la dernière femme condamnée à mort et exécutée en Grande-Bretagne, les auteurs revisitaient les années cinquante, sans excès de sympathie. Le système social britannique, les barrières de classe, les barrières du langage, l'hypocrisie en matière de sexualité — notamment s'agissant de la sexualité féminine — y étaient décrits et dénoncés avec vigueur et efficacité.

Dans le rôle de Ruth, la comédienne Miranda Richardson réussissait une formidable composition, tandis que Rupert Everett campait admirablement un anti-héros. C'est la mauvaise conscience de toute une société qui était ainsi mise au jour.

Avec **Prick Up Your Ears**, (1987), le scénariste Alan Bennett et le réalisateur Stephen Frears se sont également inspirés d'un fait divers passionnel, situé cette fois dans les années soixante: les amours tragiques de l'auteur dramatique Joe Orton (interprété par Gary Oldman) et de son Pygmalion, Kenneth Halliwell (Alfred Molina). «*C'est un sujet très noir, traité de façon très amusante,* remarque Stephen Frears[1]. *Deux hommes très drôles, pleins d'humour, et qui vivent une situation absolument tragique... Le "Swinging London" des années 1966-1967 qui sert de toile de fond à l'histoire, devient dans le film une sorte de contre-exemple de la réalité d'aujourd'hui. [...] C'était l'époque des films de Richard Lester, des Beatles,* commente Frears. *Une époque bizarre, folle et radicale à la fois... Le gouvernement de Madame Thatcher s'en prend aujourd'hui aux grandes réformes des années soixante: l'abolition de la censure, la légalisation de l'avortement, la modification des lois sur l'homosexualité!...*»

1. Interview par Philippe Pilard. S. Frears a signé, en 1988, une nouvelle version des **Liaisons dangereuses**.

Nicholas Roeg.

Situation désespérée,
mais pas grave?

Qu'est devenue, au fil des ans, la renaissance du début des années quatre-vingt.

D'une certaine manière, elle s'est survécu alors que les conditions de son existence ont disparu. Disparus les abris fiscaux, disparue la parité livre/dollar qui incitait les sociétés américaines à investir en Grande-Bretagne. Disparu aussi cet enthousiasme un peu fou que des gens comme Attenborough et Puttnam avaient su créer.

A défaut d'un retour massif dans les salles de cinéma, la chute continue de la fréquentation semble enfin stoppée.

La réorganisation du marché audiovisuel autour de la télévision (le secteur public BBC et le secteur privé ITV) et les engagements d'ouverture aux indépendants devraient conforter la profession. On ne manquera pas de remarquer, toutefois, que la production reste dans son ensemble plus volontiers tournée vers les Etats-Unis que vers l'Europe, et que, de 1983 à 1987, la production britannique a diminué de 40% en nombre et de 70% en valeur.

Au-delà de la personnalité controversée de David Puttnam, il faut admettre que le revers qu'il a subi aux Etats-Unis a pris, inévitablement, figure de symbole. La «British Columbia» (comme disaient les humoristes) n'aura vécu que quelques mois. En prétendant appliquer une politique d'ouverture aux auteurs européens, en ignorant la machinerie hollywoodienne, Puttnam s'est trouvé condamné. Mais, dira-t-on à nouveau: «*Qu'était-il allé faire dans cette galère?*»

L'autre figure de la renaissance britannique, sir Richard Attenborough, s'en est relativement mieux tiré. Sans doute parce qu'il s'est montré discret, n'a pas tenu de discours trop généraux. Sans doute aussi parce qu'il s'est montré prudent et pragmatique.

Lors du Festival de Cannes 1987, la production britannique a fait plutôt bonne figure, avec des films tels que **Wish You Were Here**, **Prick Up Your Ears** ou **Rita Sue and Bob Too**. Par la suite, ces films ont connu des résultats honorables sur nos écrans. Encore faut-il relativiser les choses : n'importe quel **James Bond** fait à lui seul plus d'entrées que toutes les comédies noires réunies.

En 1986, le producteur Simon Perry, alors président de AIP, remarquait : *« Juger de manière raisonnable la situation du marché est une absurdité. Il y a plus que jamais des gens qui regardent des films, et l'habitude du cinéma n'est pas moindre que jadis ; contrairement à ce que l'on croit couramment, le coût moyen des productions n'a pas augmenté depuis les années cinquante, si l'on tient compte de l'inflation ; et pourtant, la plupart des films perdent de l'argent. La question centrale pour la production n'est pas de savoir si la télévision a tué le cinéma. Il s'agit de savoir comment l'écran domestique... permet un retour de recettes proportionnel à l'étendue du support sur lequel le public voit la plupart de nos films... »*

Et Simon Perry concluait : *« Si le marché britannique ne redevient pas raisonnable, il n'y aura plus de films britanniques dignes de ce nom... »*

Situation raisonnable ?

Situation précaire liée à un système fragile : les films à petits budgets dépendent de la télévision ; les films à gros budgets dépendent de l'argent américain.

Situation paradoxale généralisée en Europe où pourtant jamais la fringale de films n'a été aussi grande.

Il y a encore cinq ou six ans, le cinéma français semblait bénéficier d'une santé à toute épreuve, qu'enviaient les cinématographies européennes. Aujourd'hui, ce cinéma est touché par une crise à l'anglaise : chute de l'audience, disparition des salles, progression des films américains, concurrence accrue d'une télévision qui n'a guère le mérite de la qualité.

« Si les Anglais parlaient l'espagnol, il existerait un cinéma britannique ! », avait lancé, il y a quelques années, le producteur Léon Clore[1]. Affirmation polémique, probablement valable il y a une trentaine d'années, quand on pouvait croire les cinématographies européennes à l'abri derrière la barrière des langues.

Il n'en va plus de même. Non seulement le cinéma américain n'a cessé de progresser partout avec ses propres films, mais encore

---

1. *British Cinema Now*, p. 3. Article de N. Roddick.

la langue — même en France — n'est plus une barrière. Dès qu'un film prétend à un budget relativement important, la question est désormais : «*Comment ne pas tourner en anglais ?*»

La langue anglaise est devenue le dénominateur commun de la production européenne, et avec elle, bien sûr, un certain modèle de récit.

A bien des égards, la situation britannique n'a donc fait qu'anticiper la situation européenne.

«*Avons-nous vraiment besoin d'un cinéma britannique ?*», se demandait dès 1985 un critique[1]. On peut, en effet, se poser la question.

Si l'on se place dans une situation strictement de marché, on peut parfaitement admettre, une fois pour toutes, que les nations européennes n'ont pas besoin de cinématographies spécifiques.

Il n'est pas douteux qu'un peu partout en Europe, un certain monde des affaires et de la politique (de gauche comme de droite) ne semble guère se soucier de l'avenir audiovisuel. Le public, largement conditionné par la publicité, les émissions de jeux et les feuilletons, séries et autres produits manufacturés outre-Atlantique, semble souvent lui donner raison.

En 1987, a été lancée — bien tard ! — l'idée d'une conjugaison des efforts européens, une sorte d'«Eureka» pour l'audiovisuel. Mais est-il encore possible de sauver l'essentiel ?

---

1. *British Cinema Now*, p. 147. Article de G. Nowell-Smith.

Tess de Roman Polanski.

1979-1988 :
Faits et chiffres

PRINCIPALES DISTINCTIONS

- Oscar du meilleur film : *The Deer Hunter* (Michael Cimino)
- BAFTA Best cinema film Award : *Julia* (Fred Zinnemann)
- César : *L'Argent des autres* (Christian de Challonges)
- Palme d'Or à Cannes : *Le Tambour* (V. Schlöndorff)
  Apocalypse Now (Francis Ford Coppola)

PRINCIPAUX FILMS BRITANNIQUES

Alien (R. Scott) US/GB — *Black Jack* (K. Loach) — *Bloody Kids* (S. Frears) — *Correction Please* (N. Burch) CM — *The Europeans* (J. Ivory) — *The Great Rock and Roll Swindle* (J. Temple) — *The Human Factor* (O. Preminger) US/GB — *The Life of Brian* (T. Jones) — *The Long Good Friday* (J. Mackenzie) — *Moonraker* (L. Gilbert) — *The Muppet Movie* (J. Frawley) — *Nocturna Artificialis* (Bros. Quay) CM/A — *Phoelix* (A. Ambrose) CM — *Quadrophenia* (F. Roddam) — *Radio On* (C. Petit) — **Scum** (A. Clarke) — *The Song of the Shirt* (S. Clayton/J. Curling) — *SOS Titanic* (B. Hale) — *That Sinking Feeling* (B. Forsyth) — *The Tempest* (D. Jarman) — *Tess* (R. Polanski) GB/F — *Yanks* (J. Schlesinger) US/GB

PRINCIPAUX FILMS ÉTRANGERS

Etats-Unis

Apocalypse Now (F.F. Coppola) — *All that jazz* (B. Fosse) — *Hair* (M. Forman) — *Kramer versus Kramer* (R. Benton) — *The Rose* (M. Rydell) — *Manhattan* (W. Allen) — *1941* (S. Spielberg) — *Quintet* (R. Altman) — *Wise Blood* (J. Huston)

France

Aurelia Steiner (M. Duras) — *Bastien Bastienne* (M. Andrieu) — *Buffet froid* (B. Blier) — *Don Giovanni* (J. Losey) F/I — *La Drôlesse* (J. Doillon) — *Extérieur nuit* (J. Bral) — *La Mort en direct* (B. Tavernier) — *Le Roi et l'Oiseau* (P. Grimault)

Divers

Mad Max (G. Miller) Australie — *La Luna* (B. Bertolucci) Italie/USA — *Le Pré* (Frères Taviani) Italie — *Camouflage* (K. Zanussi) Pologne — *Le Tambour* (V. Schlöndorff) RFA/F — *Woyzeck* (W. Herzog) RFA — *Le Troupeau* (Y. Güney) Turquie — *Siberiade* (A. Mikhalkov-Kontchalovski) URSS — *Stalker* (A. Tarkovski) URSS

DANS LA VIE DU CINÉMA BRITANNIQUE

Audience annuelle : 112 millions.

Abandon du projet British Film Authority par le gouvernement nouvellement élu de Madame Thatcher — Mamoun Hassan remplace John Terry à la direction de NFFC — Publication des comptes de l'Eady Levy: ils font apparaître l'aide apportée aux films US et aux films pornos — Thorn achète EMI.

LES DISPARUS DU CINÉMA

En Grande-Bretagne: Fay Compton — Alan Dent — Vincent Korda — Victor Saville — Felix Aylmer — Gracie Fields — Catherine Lacey — John Stuart — Merle Oberon.

Ailleurs: George Dunning — Nino Rota — Mary Pickford — George Seaton — Jean Seberg — Amedeo Nazzari — Dimitri Tiomkin — Marcel L'Herbier.

PRINCIPAUX ÉVÉNEMENTS DE LA VIE BRITANNIQUE

Le pays de Galles et l'Ecosse repoussent la Dévolution — 28 mars: élection générale, victoire des conservateurs, Madame Thatcher Premier ministre — Assassinat de lord Mountbatten dans un attentat attribué à l'IRA (août) — Attentats à la bombe, par l'IRA, en Irlande du Nord — Série de grèves: livraison d'essence, transports routiers, éboueurs, etc.

1980

PRINCIPALES DISTINCTIONS

- Oscar du meilleur film: *Kramer versus Kramer* (Robert Benton)
- BAFTA Award: *Manhattan* (Woody Allen)
- César: *Tess* (Roman Polanski)
- Palme d'Or à Cannes: *All That Jazz* (Bob Fosse)
                            Kagemusha (Akira Kurosawa)

PRINCIPAUX FILMS BRITANNIQUES

At the Fountainhead (A. Kennedy/N. Burton) — *Babylon* (F. Rosso) — *The Blood of Hussain* (J. Dehlavi) — *Breaking Glass* (B. Gibson) — *Brothers and Sisters* (R. Woolley) — *Death of a Princess* (A. Thomas) — *The Dogs of War* (J. Irvin) — *Excalibur* (J. Boorman) — *Flash Gordon* (M. Hodges) — *The Falls* (P. Greenaway) — *Gregory's Girl* (B. Forsyth) — *McVicar* (T. Clegg) — *The Mouse and the Woman* (K. Francis) — *Priest of Love* (C. Miles) — *Prostitute* (T. Garnett) — *Quartet* (J. Ivory) — *Rude Boy* (J. Hazan/D. Mingay) — *The Shining* (S. Kubrick) — *Saturn 3* (S. Donen) — *Superman II* (R. Lester) — *The Wildcats of St. Trinian* (F. Launder)

PRINCIPAUX FILMS ÉTRANGERS

Etats-Unis

American Gigolo (P. Schrader) – *Atlantic City* (L. Malle) – *The Blues Brothers* (J. Landis) – *The Coal Miner's Daughter* (M. Apted) – *Dressed to Kill* (B. De Palma) – *Elephant Man* (D. Lynch) – *The Empire Strikes Back* (I. Kershner) – *Fame* (A. Parker) – *Heaven's Gate* (M. Cimino) – *Lord of the Ring* (R. Bakshi) – *Popeye* (R. Altman) – *Raging Bull* (M. Scorsese) – *Stardust Memories* (W. Allen) – *The Postman Always Rings Twice* (B. Rafelson)

France

Anthracite (J. Niermans) – *Le Cheval d'orgueil* (C. Chabrol) – *Diva* (J.-J. Beinex) – *Le Dernier Métro* (F. Truffaut) – *Un étrange voyage* (A. Cavalier) – *Histoire d'Adrien* (J.-P. Denis) – *La Femme de l'aviateur* (E. Rohmer) – *Les Fourberies de Scapin* (R. Coggio) – *Inspecteur la Bavure* (C. Zidi) – *Loulou* (M. Pialat) – *Malevil* (C. de Challonges) – *Mon Oncle d'Amérique* (A. Resnais) – *Plein Sud* (L. Béraud) – *Possession* (A. Zulawski) – *Reporters* (R. Depardon) – *Vacances royales* (G. Auer) – *Le Pont du Nord* (J. Rivette) – *Sauve qui peut* (J.-L. Godard) – *Simone Barbes* (M.-C. Treilhou)

Divers

Pixote (H. Babenco) Brésil – *Les Plouffe* (G. Carle) Canada – *Les Longues Vacances de 36* (J. Camino) Espagne – *Alexandre le Grand* (T. Angelopoulos) Grèce – *La Dame aux camélias* (M. Bolognini) F/Italie – *La Terrasse* (E. Scola) Italie – *Trois Frères* (Frères Taviani) Italie – *Kagemusha* (A. Kurosawa) Japon

DANS LA VIE DU CINÉMA BRITANNIQUE

Audience annuelle: 96 millions.

Rank annonce sa décision de se retirer de la production – Mise en place de NFDF rénové sous la houlette de NFFC – Vote de la loi créant Channel 4.

LES DISPARUS DU CINÉMA

En Grande-Bretagne: Cicely Courtneidge – Alfred Hitchcock – Len Lye – Kenneth Tynan – Peter Sellers – Rachel Roberts – John Lennon – Cecil Beaton – Peter Collinson.

Ailleurs: D.F. Zanuck – Alf Sjöberg – James Blue – Odile Versois – Boris Kaufmann – Tex Avery – Louis Daquin – Louis Milestone – Steve McQueen – George Raft – Marshall McLuhan.

ÉVÉNEMENTS DE LA VIE BRITANNIQUE

Grèves dans la sidérurgie: suppression de 300 000 emplois – Agitation anti-nucléaire (CND) – Siège de l'ambassade d'Iran à Londres – Grèves de la faim dans la prison de Maze à Belfast – Michael Foot à la tête du L.P.

1981

- Oscar du meilleur film: *Ordinary People* (Robert Redford)
- BAFTA Award: *The Elephant Man* (David Lynch)
- César: *Le Dernier Métro* (François Truffaut)
- Palme d'Or à Cannes: *L'Homme de fer* (Andrzej Wajda)

PRINCIPAUX FILMS BRITANNIQUES

Burning an Illusion (M. Shabbaz) − *Chariots of Fire* (H. Hudson) − *Dallas the Big Store* (J. Bokova) − *The French Lieutenant's Woman* (K. Reisz) − *Evil under the Sun* (G. Hamilton) − *For Your Eyes Only* (J. Glen) − *The Great Muppet Caper* (J. Henson) − *Lady Chatterley's Lover* (J. Jarckin) − *Looks and Smiles* (K. Loach) − *Maeve* (P. Murphy/J. Davies) − *Memoirs of a Survivor* (D. Gladwell) − *The Missionary* (R. Loncraine) − *Time Bandits* (T. Gilliam) − *Travellers* (J. Comerford) − *An Unsuitable Job for a Woman* (C. Petit)

PRINCIPAUX FILMS ÉTRANGERS

Etats-Unis

Absence of Malice (S. Pollack) − *Altered States* (K. Russell) − *All the Marbles* (R. Aldrich) − *Georgia* (A. Penn) − *The Prince of the City* (S. Lumet) − *Ragtime* (M. Forman) − *Reds* (W. Beatty) US/GB

France

L'Amour nu (Y. Bellon) − *Beau-Père* (B. Blier) − *La Chèvre* (F. Veber) − *La Femme d'à côté* (F. Truffaut) − *Garde à vue* (C. Miller) − *La Guerre du feu* (J.-J. Annaud) France/Canada − *L'Ombre rouge* (J.-L. Comolli) − *Le Retour de Martin Guerre* (D. Vigne)

Divers

Mad Max II (G. Miller) Australie − *Gallipoli* (P. Weir) Australie − *Les dieux sont tombés sur la tête* (J. Uys) Bostwana − *Noces de sang* (C. Saura) Espagne − *Mephisto* (I. Szabo) Hongrie − *La Nuit de San Lorenzo* (Frères Taviani) Italie − *La Nuit de Varennes* (E. Scola) France/Italie − *La Tragédie d'un homme ridicule* (B. Bertolucci) Italie − *La Peau* (L. Cavani) Italie − *L'Homme de fer* (A. Wajda) Pologne − *Les Années de plomb* (M. von Trotta) RFA − *Das Bot* (W. Petersen) RFA − *Lola* (R.W. Fassbinder) RFA − *Yol* (Y. Güney) Turquie

DANS LA VIE DU CINÉMA BRITANNIQUE

Audience annuelle: 83 millions.

Avril: 21 réalisateurs signent une lettre ouverte sur le thème « Sauvez notre industrie!» − Réorganisation de NFFC − Nomination de Jeremy Isaacs à la tête de Channel 4.

LES DISPARUS DU CINÉMA

En Grande-Bretagne : A.J. Cronin — J. Warner — Jessie Matthews — Nigel Patrick.

Ailleurs : Marc Donskoï — N. Taurog — S. Bosustow — Paddy Chayevsky — Anita Loos — R. Krasker — Glauber Rocha — H. Gosho — Robert Montgomery — Abel Gance — William Holden — Gloria Graham — Natalie Wood — Alan Dwann.

ÉVÉNEMENTS DANS LA VIE BRITANNIQUE

Progression du chômage : marche des chômeurs Liverpool-Londres (mai) — Emeutes raciales à Liverpool, Brixton, etc. — Juillet : mariage lady Diana et prince Charles — Mai : en Irlande, mort de Bobby Sands après une grève de la faim de 66 jours — Manifestations CND.

1982

PRINCIPALES DISTINCTIONS

- Oscar du meilleur film : *Chariots of Fire* (Hugh Hudson)
- BAFTA Award : *Chariots of Fire* (Hugh Hudson)
- César : *La Guerre du feu* (Jean-Jacques Annaud)
- Palme d'Or à Cannes : *Missing* (Costa-Gavras)
  Yol (Yilmaz Güney)

PRINCIPAUX FILMS BRITANNIQUES

Angel (N. Jordan) — *Ascendancy* (E. Bennett) — *Betrayal* (D. Jones) — *Britannia Hospital* (L. Anderson) — *Dark Crystal* (J. Henson) — *Doll's Eye* (J. Worth) — *The Draughtsman's Contract* (P. Greenaway) — *Eureka* (N. Roeg) — *Experience Preferred but not Essential* (P. Duffel) — *Gandhi* (R. Attenborough) — *Giro City* (K. Francis) — *Heat and Dust* (J. Ivory) — *Hero* (B. Platt-Mills) — *Ill Fares the Land* (B. Bryden) — *Merry Christmas Mr. Lawrence* (N. Oshima) — *Moonlighting* (J. Skolimovski) — *Oliver Twist* (C. Donner) — *Pink Floyd the Wall* (A. Parker) — *Remembrance* (C. Gregg) — *The Return of the Soldier* (A. Bridges) — *Rough Cut and Ready Dubbed* (Shah/Shaw) — *Scrubbers* (M. Zetterling) — *Trail of the Pink Panther* (B. Edwards)

PRINCIPAUX FILMS ÉTRANGERS

Etats-Unis

A bout de souffle USA (J. McBride) — *Annie* (J. Huston) — *Blade Runner* (R. Scott) — *Come Back to the « Five and Dime » Jimmy Dean* (R. Altman) — *E.T.*

(S. Spielberg) — *Firefox* (C. Eastwood) — *Hammet* (W. Wenders) — *Halloween II* (J. Rosenthal) — *A Midsummernight's Sex Comedy* (W. Allen) — *Missing* (Costa-Gavras) — *Poltergeist* (T. Hooper) — *Rambo* (T. Kotcheff) — *Sophie's Choice* (A. Pakula) — *Tootsie* (S. Pollack) — *Tron* (S. Lisberger)

France

L'Argent (R. Bresson) — *La Balance* (B. Swaim) — *Le Beau Mariage* (E. Rohmer) — *Une chambre en ville* (J. Demy) — *Coup de torchon* (B. Tavernier) — *Danton* (A. Wajda) — *Le Dernier Combat* (L. Besson) — *Le Destin de Juliette* (A. Isserman) — *L'Eté meurtrier* (J. Becker) — *Le Fantôme du chapelier* (C. Chabrol) — *L'Homme blessé* (P. Chéreau) — *Mortelle Randonnée* (C. Miller) — *Le Mur* (Y. Güney) — *Paradis pour tous* (A. Jessua) — *Passion* (J.-L. Godard) — *Pauline à la plage* (E. Rohmer) — *Sans soleil* (C. Marker) — *Les Trois Couronnes du matelot* (R. Ruiz) — *Toute une nuit* (C. Akermann) — *La Truite* (J. Losey)

Divers

L'Ecran magique (G.F. Mingozzi) Italie — *Identification d'une femme* (M. Antonioni) Italie — *Querelle* (R.W. Fassbinder) RFA — *Veronica Voss* (R.W. Fassbinder) RFA — *Parsifal* (H.J. Syberberg) RFA — *L'Etat des choses* (W. Wenders) RFA — *Fitzcaraldo* (W. Herzog) RFA — *Fanny et Alexandre* (I. Bergman) Suède — *Dans la ville blanche* (A. Tanner) Suisse/Portugal — *La mort de Mario Ricci* (C. Goretta) Suisse

DANS LA VIE DU CINÉMA BRITANNIQUE

Audience annuelle: 60 millions.

Chariots of Fire reçoit 4 oscars — 50e anniversaire de la revue *Sight and Sound* — Channel 4 commence sa diffusion le 2 novembre — Lancement du London Multi Media Market (K. Kulik) — Création de la «Director's Guild of Great Britain» — Suppression du Quota — Alasdair Milne nommé Directeur Général de BBC.

LES DISPARUS DU CINÉMA

En Grande-Bretagne: Stanley Holloway — Alan Badel — Arthur Lowe — Alma Reville — Patrick Magee — Vivien Merchant — Celia Johnson — Marty Feldman.

Ailleurs: Marcel Camus — Lee Strasberg — John Belushi — Warren Oates — Romy Schneider — Peter Weiss — Raymond Bussières — Jean Wiener — R.W. Fassbinder — Curd Jurgens — Patrick Dewaere — Henry Fonda — A. Alexieff — A. Cavalcanti — Ingrid Bergman — Grace Kelly — Fernando Solanas — François Simon — V. Zurlini — King Vidor — Jacques Tati — Elio Petri.

ÉVÉNEMENTS DE LA VIE BRITANNIQUE

La Grande-Bretagne entre en guerre avec l'Argentine à propos des îles Malouines — Chômeurs: plus de trois millions — Agitation sociale dans les mines et les hôpitaux.

PRINCIPALES DISTINCTIONS

- Oscar du meilleur film : *Gandhi* (Richard Attenborough)
- BAFTA Award : *Gandhi* (Richard Attenborough)
- César : *La Balance* (Bob Swaim)
- Palme d'Or à Cannes : *La Ballade de Narayama* (Shohei Imamura)

PRINCIPAUX FILMS BRITANNIQUES

Another Time, Another Place (M. Radford) − *Champions* (J. Irvin) − *The Country Girls* (D. Davis) − *The Curse of the Pink Panther* (B. Edwards) − *The Dresser* (P. Yates) − *Educating Rita* (L. Gilbert) − *An Englishman Abroad* (J. Schlesinger) − *Flight to Berlin* (C. Petit) − *Fords on Water* (B. Bliss) − *The Gold Diggers* (S. Potter) − *The Honorary Consul* (J. Mackenzie) − *Krull* (P. Yates) − *Local Hero* (B. Forsyth) − *Loose Connections* (R. Eyre) − *The Meaning of Life* (T. Jones) − *Meantime* (M. Leigh) − *Never Say Never Again* (I. Kershner) − *Octopussy* (J. Glen) − *The Ploughman's Lunch* (R. Eyre) − *The Wicked Lady* (M. Winner) − *Yentl* (B. Streisand)

PRINCIPAUX FILMS ÉTRANGERS

Etats-Unis

Brainstorm (D. Trumbull) − *Conan* (R. Fleisher) − *The Day After* (N. Meyer) − *Dead Zone* (D. Cronenberg) − *Honky Tonk Man* (C. Eastwood) − *Il était une fois l'Amérique* (S. Leone) − *Le Mystère Silkwood* (M. Nichols) − *Osterman Week-End* (S. Peckinpah) − *Rumble Fish* (F. F. Coppola) − *Scarface* (B. De Palma) − *Staying Alive* (S. Stallone) − *The Twilight Zone* (Landis/Spielberg/Dante/Miller) − *Zelig* (W. Allen)

France

L'Amour par terre (J. Rivette) − *A nos amours* (M. Pialat) − *Biquefarre* (G. Rouquier) − *La Diagonale du fou* (R. Dembo) − *Erendira* (R. Guerra) F/Mexique/RFA − *Femmes de personne* (C. Frank) − *Fort Saganne* (A. Cornaud) − *Hanna K* (Costa-Gavras) − *La Lune dans le caniveau* (J.-J. Beinex) − *La Pirate* (J. Doillon) − *Prénom Carmen* (J.-L. Godard) − *Tchao Pantin* (C. Berri) − *La vie est un roman* (A. Resnais) − *Vive la sociale!* (G. Mordillat) − *Vivement dimanche!* (F. Truffaut)

Divers

Benvenuta (A. Delvaux) Belgique − *E la nave va* (F. Fellini) Italie − *La Traviata* (F. Zeffirelli) France/Italie − *Carmen* (F. Rosi) France/Italie − *La Ballade de Narayama* (S. Imamura) Japon

DANS LA VIE DU CINÉMA BRITANNIQUE

Audience annuelle: 64 millions.

Gandhi reçoit huit oscars — ITV et BBC lancent des émissions pour la matinée — Les professionnels du cinéma proposent une taxe sur la vidéo et la télé câblée, pour financer un fonds sur le modèle «Eady Levy» — J. Lee remplace Jack Eberts à Goldcrest.

LES DISPARUS DU CINÉMA

En Grande-Bretagne: Sir William Walton — John Williams — David Niven — Ralph Richardson.

Ailleurs: Raymond Massey — G. Cukor — Louis de Funès — Maurice Ronet — Pierre-Richard Wilm — Norma Shearer — Georges Auric — Luis Bunuel — Tino Rossi — Dalio — Lotte Eisner — T. Williams — Gloria Swanson — Robert Aldrich.

ÉVÉNEMENTS DE LA VIE BRITANNIQUE

Après la victoire britannique aux îles Malouines, Madame Thatcher visite Port Stanley — Fermeture de nombreuses mines de charbon — Agitation nucléaire (CND) autour de la base américaine de Greenham Common — Elections anticipées en juin: nouvelle victoire des conservateurs; Madame Thatcher, Premier ministre pour la seconde fois — Un nouveau leader pour le Labour Party: Neil Kinnock — Evasion spectaculaire de la prison de Maze à Belfast (38 détenus) — Attentat à la bombe chez Harrods, à Londres, au moment de Noël.

1984

PRINCIPALES DISTINCTIONS

- Oscar du meilleur film: *Terms of Endearment* (J.L. Brooks)
- BAFTA Award: *Educating Rita* (Lewis Gilbert)
- César: *A nos amours* (Maurice Pialat)
- Palme d'Or à Cannes: *Paris, Texas* (Wim Wenders)

PRINCIPAUX FILMS BRITANNIQUES

Another Country (M. Kanievska) — *The Bounty* (R. Donaldson) — *The Bostonians* (J. Ivory) — *Cal* (P. O'Connor) — *A Christmas Carol* (C. Donner) — *Comfort and Joy* (B. Forsyth) — *The Company of Wolves* (N. Jordan) — *Dance With a Stranger* (M. Newell) — *Every Picture Tells a Story* (J. Scott) — *The Far pavilions* (P. Duffel) — *Give My Regards to Broadstreet*

(P. Webb) − *Greystoke* (H. Hudson) − *The Happy Alcoholic* (K. Francis) − *The Hit* (S. Frears) − *The Killing Fields* (R. Joffé) − *1984* (M. Radford) − *A Passage to India* (D. Lean) − *A Private Function* (M. Mowbray) − *The Shooting Party* (A. Bridges) − *Steaming* (J. Losey) − *Success is the Best Revenge* (J. Skolimovski) GB/F − *Supergirl* (J. Swarc)

PRINCIPAUX FILMS ÉTRANGERS

Etats-Unis

Amadeus (M. Forman) − *Birdy* (A. Parker) − *Broadway Dany Rose* (W. Allen) − *Choose Me* (A. Rudolph) − *Cocaïne* (P. Morrissey) − *Cotton Club* (F. F. Coppola) − *Crime of Passion* (K. Russell) − *Dune* (D. Lynch) − *Gremlins* (J. Dante) − *Indiana Jones and the Temple of Doom* (S. Spielberg) − *Love Streams* (J. Cassavettes) − *Maria's Lover* (A. Kontchalovski) − *Mishima* (P. Shrader) − *A Nightmare on Elm Street* (W. Craven) − *Police Academy* (H. Wilson) − *Purple Rose of Cairo* (W. Allen) − *Stranger than Paradise* (J. Jarmush) − *Under the Volcano* (J. Huston)

France

Un amour de Swan (V. Schlondorff) − *L'Amour à mort* (A. Resnais) − *Un dimanche à la campagne* (B. Tavernier) − *Escalier C* (J.-Ch. Tacchella) − *Les Favoris de la lune* (O. Iosselliani) − *Gwen* (J.-F. Laguionie) − *Je vous salue Marie* (J.-L. Godard) − *Notre Histoire* (B. Blier) − *Les Nuits de la pleine lune* (E. Rohmer) − *Péril en la demeure* (M. Deville) − *Paris, Texas* (W. Wenders) F/RFA − *Les Ripoux* (C. Zidi)

Divers

L'Histoire officielle (L. Puenzo) Argentine − *Le Voyage à Cythère* (T. Angelopoulos) Grèce − *Kaos* (Frères Taviani) Italie − *Nostalghia* (A. Tarkovski) Italie/URSS − *Heimat* (E. Reitz) RFA

DANS LA VIE DU CINÉMA BRITANNIQUE

Audience annuelle: 55 millions.

Lancement de British Film Year, annoncé à Cannes − Suppression du «Eady Levy» − Suppression de NFFC, remplacé par British Screen − Juillet: le plateau de «James Bond» brûle; il sera reconstruit en un temps record − Mars: ouverture de la British Retrospective au MOMA, à New York.

LES DISPARUS DU CINÉMA

En Grande-Bretagne: Paul Rotha − Thorold Dickinson − Diana Dors − Joseph Losey − Dame Flora Robson − James Mason − Richard Burton − J.B. Priestley − Ivor Montagu.

Ailleurs: Johnny Weismuller − Roger Blin − Carl Foreman − Lillian Hellman − Truman Capote − Y. Güney − Pierre Kast − François Truffaut − Oscar Werner − Pascale Ogier − Peter Lawford − Sam Peckinpah.

ÉVÉNEMENTS DE LA VIE BRITANNIQUE

Pour protester contre la fermeture des mines de charbon, les mineurs se lancent dans la grève – Avril : fusillade devant l'ambassade libyenne à Londres : une policière est tuée – Attentat à la bombe à Heathrow – Septembre : grève des dockers pour soutenir les mineurs – Octobre : attentat à la bombe à Brighton visant Madame Thatcher – Visite de M. Gorbatchev à Londres – Le chômage à son niveau le plus élevé ; l'archevêque de Canterbury, puis l'évêque de Durham dénoncent la misère en Grande-Bretagne.

1985

PRINCIPALES DISTINCTIONS

- Oscar du meilleur film : *Amadeus* (Milos Forman)
- BAFTA Award : *The Killing Fields* (Roland Joffé)
- César : *Les Ripoux* (Claude Zidi)
- Palme d'Or à Cannes : *Papa est en voyage d'affaires* (Emir Kusturica)

PRINCIPAUX FILMS BRITANNIQUES

The Assam Garden (M. McMurray) – *Brazil* (T. Gilliam) – *The Bride* (F. Roddam) – *Captive* (P. Mayersberg) – *Clockwise* (C. Morahan) – *Defence of the Realm* (D. Drury) – *The Emerald Forest* (J. Boorman) – *The Green Baize Vampire* (A. Clarke) – *Insignificance* (N. Roeg) – *Lady Jane* (T. Nunn) – *Lamb* (C. Gregg) – *A Letter to Brezhnev* (C. Bernard) – *My Beautiful Laundrette* (S. Frears) – *No Surrender* (P. Smith) – *Revolution* (H. Hudson) – *A Room With a View* (J. Ivory) – *Santa Claus* (J. Swarc) – *Sea Coal* (M. Martin) – *The Supergrass* (P. Richardson) – *Turtle Diary* (J. Irvin) – *A View to a Kill* (J. Glen) – *What Can I Do With a Male Nude?* (R. Peck) CM – *Wild Geese II* (P. Hunt) – *Wetherby* (D. Hare) – *Wings of Death* (Bruce/Colson) CM – *A Zed and Two Noughts* (P. Greenaway) – *Zina* (K. McMullen)

PRINCIPAUX FILMS ÉTRANGERS

Etats-Unis

Alamo Bay (L. Malle) – *Back to the Future* (R. Zemeckis) – *Beverly Hill Cops* (M. Brest) – *A Chorus Line* (R. Attenborough) – *Dream Lover* (A. Pakula) – *Fool for Love* (R. Altman) – *King David* (B. Beresford) – *Legend* (R. Scott) – *Pale Rider* (C. Eastwood) – *Police Academy II* (J. Paris) – *Plenty* (F. Schepisi) – *Prizzi's Honour* (J. Huston) – *Recherche Suzanne désespérément* (S. Seidelman) – *Sweet Dreams* (K. Reisz) – *Witness* (P. Weir) – *Year of the Dragon* (M. Cimino)

France

Conseil de famille (Costa-Gavras) − *Détective* (J.-L. Godard) − *L'Effrontée* (C. Miller) − *Inspecteur Lavardin* (C. Chabrol) − *Maine Océan* (J. Rozier) − *Police* (M. Pialat) − *Rouge baiser* (V. Belmont) − *Sans toit ni loi* (A. Varda) − *Shoa* (C. Lanzman) − *Subway* (L. Besson) − *Le Thé au harem d'Archimède* (M. Charef) − *Trois Hommes et un couffin* (Coline Serreau) − *Vaudeville* (J. Marbeuf)

Divers

Ginger et Fred (F. Fellini) Italie − *Macaroni* (E. Scola) Italie/USA − *Le Bateau phare* (J. Skolimowski) RFA/USA − *L'Ame sœur* (F. Murer) Suisse − *Papa est en voyage d'affaires* (E. Kusturica) Yougoslavie

DANS LA VIE DU CINÉMA BRITANNIQUE

Audience annuelle: 73 millions.

Août: après l'intervention du ministre de l'Intérieur Leon Brittan, auprès du Directeur Général Alasdair Milne, à propos du documentaire *At the Edge of the Union*, traitant de la question irlandaise, grève d'une journée à BBC − 50ᵉ anniversaire de National Film Archive − Mise en vente du groupe Thorn EMI Screen Entertainment; le groupe Cannon se porte acquéreur.

LES DISPARUS DU CINÉMA

En Grande-Bretagne: Lord Harlech − Michael Redgrave − Anna Ambrose − John Boulting.

Ailleurs: Henry Hathaway − Serge Youtkevitch − Dominique Laffin − J.-P. Le Chanois − Louise Brooks − Simone Signoret − Rock Hudson − Yul Bryner − Orson Welles − S. Guerassimov.

ÉVÉNEMENTS DE LA VIE BRITANNIQUE

5 mars: les mineurs reprennent le travail, après un an de grève sans succès − Emeutes urbaines (racisme, pauvreté) à Londres, Birmingham, etc. − 29 mai: les supporters de l'équipe de football de Liverpool se font remarquer au stade du Heysel à Bruxelles − Incendie d'un stade à Bradford: 56 morts − Signature du Hillsborough Pact, définissant les nouvelles relations entre l'Ulster et l'Irlande (15 novembre).

1986

PRINCIPALES DISTINCTIONS

- Oscar du meilleur film: *Out of Africa* (Sidney Pollack)
- BAFTA Award: *The Purple Rose of Cairo* (Woody Allen)

- César: *Trois Hommes et un couffin* (Coline Serreau)
- Palme d'Or à Cannes: *The Mission* (Roland Joffé)

PRINCIPAUX FILMS BRITANNIQUES

Absolute Beginners (J. Temple) − *The American Way* (M. Philips) − *Biggles* (J. Hough) − *Boy Soldier* (K. Francis) − *Caravaggio* (D. Jarman) − *Castaway* (N. Roeg) − *Eat the beach* (P. Ormrod) GB/Eire − *Fatherland* (K. Loach) − *The Good Father* (M. Newell) − *Gothic* (K. Russell) − *Heavenly Pursuits* (C. Gormley) − *Highlander* (R. Mulcahy) − *Labyrinth* (J. Henson) − *The Mission* (R. Joffé) − *Mona Lisa* (N. Jordan) − *Nanou* (C. Templeman) − *Playing Away* (H. Ové) − *Rocinante* (A.E. Guedes) − *Shanghai Surprise* (J.-L. Goddard) − *Sid and Nancy* (A. Cox) − *Street of Crocodiles* (Bros. Quay) CM − *When the Wind Blows* (J. Murakami) − *The Whistle Blower* (S. Langton)

PRINCIPAUX FILMS ÉTRANGERS

Etats-Unis

After Hours (M. Scorsese) − *Blue Velvet* (D. Lynch) − *The Colour of Money* (M. Scorsese) − *The Colour Purple* (S. Spielberg) − *Down by Law* (J. Jarmush) − *The Fly* (D. Cronenberg) − *Hannah and Her Sisters* (W. Allen) − *Mosquito Coast* (P. Weir) − *Peggy Sue Got Married* (F. F. Coppola) − *Out of Africa* (S. Pollack) − *Platoon* (O. Stone) − *She's Got to Have It* (J. Lee) − *Top Gun* (T. Scott) − *Working Girls* (L. Borden)

France

Jean de Florette (C. Berri) − *Golden Eighties* (C. Ackermann) − *Mauvais Sang* (L. Carax) − *Mélo* (A. Resnais) − *Le Nom de la Rose* (J.-J. Annaud) F/I/ RFA − *Le Paltoquet* (M. Deville) − *Le Rayon vert* (E. Rohmer) − *Round Midnight* (B. Tavernier) − *Thérèse* (A. Cavalier) − *Tenue de soirée* (B. Blier) − *37°2 le matin* (J.-J. Beinex)

Divers

Crocodile Dundee (P. Fairman) Australie − *Le Déclin de l'empire américain* (D. Arcand) Canada − *Otello* (F. Zeffirelli) F/I − *I Love You* (M. Ferreri) Italie − *La messe est finie* (N. Moretti) Italie − *Le Sacrifice* (A. Tarkovski) F/ Suède/GB − *Rosa Luxembourg* (M. von Trotta) RFA

DANS LA VIE DU CINÉMA BRITANNIQUE

Audience annuelle: 75 millions.

Fermeture des « Academy Cinemas » à Londres − Série d'échecs de films à gros budgets: *Revolution, Highlander, Absolute Beginners, Sky Bandits* − Le groupe Cannon achète la chaîne ABC et le studio d'Elstree − 30ᵉ anniversaire du London Film Festival − Offensive de l'« Ordre moral », pour la censure de la télévision et de la vidéo − David Puttnam part à Los Angeles − Suppression du London Multi Media Market.

LES DISPARUS DU CINÉMA

En Grande-Bretagne : Robert Stevenson − Anna Neagle − Nigel Stock − John Alcott − John Trevelyan − C. Isherwood.

Ailleurs : Willard Van Dyke − Lilly Palmer − Ray Milland − James Cagney − Otto Preminger − Sterling Hayden − Alan Jay Lerner − Vincente Minnelli − Gunnar Björnstrand − Cary Grant − Paola Mori.

ÉVÉNEMENTS DE LA VIE BRITANNIQUE

Affaires des hélicoptères Westland/Sikorsky; démission du ministre Heseltine à la suite d'un choix en faveur des USA au détriment de l'Europe − L'opinion publique est défavorable au soutien apporté par Madame Thatcher au raid US sur la Libye (avril) − 23 juillet: le prince Andrew épouse Sarah Ferguson − Campagne anti-SIDA − Irlande : l'accord d'Hillsborough n'apporte aucune amélioration notable.

1987

PRINCIPALES DISTINCTIONS

- Oscar du meilleur film : *Platoon* (Oliver Stone)
- BAFTA Award : *A Room With a View* (James Ivory)
- César : *Au-revoir les enfants* (Louis Malle)
- Palme d'Or à Cannes : *Sous le soleil de Satan* (Maurice Pialat)

PRINCIPAUX FILMS BRITANNIQUES

Aria (divers) − *The Belly of an Architect* (P. Greenaway) − *Business as Usual* (L.A. Barrett) − *Cry Freedom* (R. Attenborough) − *84 Charing Cross rd.* (D. Jones) − *Empire State* (R. Peck) − *The Fourth Protocol* (J. Mackenzie) − *Hidden City* (S. Poliakoff) − *Hope and Glory* (J. Boorman) − *The Living Daylights* (J. Glen) − *Living on the Edge* (M. Grigsby) − *The Lonely Passion of J. Hearne* (J. Clayton) − *Maurice* (J. Ivory) − *A Month in the Country* (P. O'Connor) − *On the Black Hill* (A. Grieve) − *Personal Services* (T. Jones) − *Prick Up Your Ears* (S. Frears) − *Rita Sue and Bob too* (A. Clarke) − *Sammy and Rosie Get Laid* (S. Frears) − *Wish You Were Here* (D. Leland) − *White Mischief* (M. Radford)

PRINCIPAUX FILMS ÉTRANGERS

Etats-Unis

Angel Heart (A. Parer) − *La Bamba* (L. Valdez) − *Barfly* (B. Schroeder) − *The Believers* (J. Schlesinger) − *Beyond Therapy* (R. Altman) − *The Big Easy* (J. McBride) − *Children of a Lesser God* (R. Haines) − *Full Metal Jacket*

(S. Kubrick) — *Gardens of Stone* (F. F. Coppola) — *Little Shop of Horrors* (F. Oz) — *Radio Days* (W. Allen) — *The Sicilian* (M. Cimino) — *Stand by Me* (R. Reiner) — *The Untouchable* (B. De Palma) — *Whales of August* (L. Anderson) — *The Witches of Eastwick* (G. Miller) — *Who's That Girl* (J. Foley)

France

Agent trouble (J.-P. Mocky) — *L'Ami de mon amie* (E. Rohmer) — *Au-revoir les enfants* (L. Malle) — *Champ d'honneur* (J.-P. Denis) — *Comédie* (J. Doillon) — *Le Cri du hibou* (C. Chabrol) — *L'Eté en pente douce* (G. Krawzyck) — *Le Grand Chemin* (J.-L. Hubert) — *Grand Guignol* (J. Marbœuf) — *Journal d'un fou* (R. Coggio) — *Lévy et Goliath* (G. Oury) — *Maldonne* (J. Berry) — *La Passion Béatrice* (B. Tavernier) — *Poussière d'ange* (E. Niermans) — *Soigne ta droite* (J.-L. Godard) — *Sous le soleil de Satan* (M. Pialat) — *Travelling avant* (J.-C. Tacchella)

Divers

I've Heard the Mermaid Sing (P. Rozema) Canada — *L'Apiculteur* (T. Angelopoulos) Grèce — *Chronique d'une mort annoncée* (F. Rosi) Italie — *Good Morning Babylonia* (V.P. Taviani) Italie — *Intervista* (F. Fellini) Italie — *La Storia* (L. Comencini) Italie — *Les Yeux noirs* (N. Mikhalkov) Italie — *Zegen* (S. Imamura) Japon — *Journal d'un vieux fou* (L. Rademakers) Pays-Bas — *Les Ailes du désir* (W. Wenders) RFA — *Cobra Verde* (W. Herzog) RFA — *Le Dernier Empereur* (B. Bertolucci) I/US/GB

DANS LA VIE DU CINÉMA BRITANNIQUE

Audience annuelle: 77 millions.

Remous à Channel 4: J. Isaacs annonce son départ. Michael Grade lui succède — Campagne des producteurs indépendants pour obtenir 500 heures de production de BBC et ITV en 1990 — Difficultés financières du Groupe Cannon — Septembre: D. Puttnam démissionne de Columbia — Novembre: Attenborough annonce un contrat de trois films avec Universal.

LES DISPARUS DU CINÉMA

En Grande-Bretagne: Joan Greenwood — Alistair McLean — William Rose — Madeleine Carroll — Colin Blakely — Harry Watt — Basil Wright — Edgar Anstey.

Ailleurs: Anny Ondra — Danny Kaye — A. Blasetti — Y. Allégret — D. Sirk — A. Tarkovski — N. McLaren — G. Franju — E. Lanchester — C. Jutra — R. Mamoulian — R. Hayworth — R. Favre Le Bret — H. Decae — Lee Marvin — F. Astaire — J. Huston.

ÉVÉNEMENTS DE LA VIE BRITANNIQUE

Février: nouvel affrontement BBC/gouvernement, à propos du reportage consacré au satellite espion Zircon; démission du Directeur Général

A. Milne − Privatisation de British Airways − Mars: naufrage du ferry-boat *Herald of Free Enterprise* − Juin: victoire électorale des Tories; Madame Thatcher à nouveau Premier ministre − Octobre: un ouragan dévaste le pays − Novembre: attentat à Enniskillen (Ulster): 11 morts.

1988

PRINCIPALES DISTINCTIONS

- Oscar du meilleur film: *The Last Emperor* (Bernardo Bertolucci)
- BAFTA Award: *Jean de Florette* (Claude Berri)
- César:
- Palme d'Or à Cannes: *Pelle le Conquérant* (Billie August)

PRINCIPAUX FILMS BRITANNIQUES

Adventures of Baron Münchhausen (T. Gilliam) − *Consuming Passions* (G. Foster) − *The Deceivers* (N. Meyer) − *The Dressmaker* (J. O'Brien) − *Drowning by Numbers* (P. Greenaway) − *Eat the Rich* (P. Richardson) − *A Fish Called Wanda* (Ch. Crichton) − *For Queen and Country* (M. Stellman) − *The Fruit Machine* (Ph. Saville) − *A Handful of Dust* (Ch. Sturridge) − *High Spirits* (N. Jordan) − *Paris by Night* (D. Hare) − *Pascali's Island* (J. Dearden) − *Mme Souzatska* (J. Schlesinger) − *Sour Sweet* (M. Newell) − *Stars and Bars* (P. O'Connor) − *Stormy Monday* (M. Figgis) − *We Think the World of You* (C. Gregg) − *A World Apart* (C. Menges) − *High Hopes* (M. Leigh)

PRINCIPAUX FILMS ÉTRANGERS

Etats-Unis

Bagdad Cafe (P. Adlon) − *Colors* (D. Hopper) − *Fatal Attraction* (A. Lyne) − *Hamburger Hill* (J. Irvin) − *Ironweed* (H. Babenco) − *Hairspray* (J. Waters) − *L'Insoutenable Légèreté de l'être* (P. Kaufman) − *The Last Temptation of Christ* (M. Scorsese) − *Less than Zero* (M. Kanievska) − *Les Modernes* (A. Rudolph) − *Milagro* (R. Redford) − *Who Framed Roger Rabitt?* (R. Zemeckis) − *Wall Street* (O. Stone)

France

Une Affaire de femmes (C. Chabrol) − *La Bohème* (L. Comencini) − *Chouans* (Ph. de Broca) − *La Comédie du travail* (L. Moullet) − *Drôle d'endroit pour une rencontre* (F. Dupeyron) − *L'Enfance de l'art* (F. Girod) − *Hôtel Terminus* (M. Ophuls) − *La Lectrice* (M. Deville) − *L'Ours* (J.-J. Annaud) − *Quelques Jours avec moi* (C. Sautet) − *La vie est un long fleuve tranquille* (E. Chatilliez)

Divers

Le Festin de Babette (G. Axel) Danemark — *Salaam Bombay* (Mira Nair) F/GB/Inde — *Chocolat* (C. Denis) F/RFA — *Un Zoo la nuit* (J.-C. Lauzon) Canada — *L'œuvre au noir* (A. Delvaux) F/B

DANS LA VIE DU CINÉMA BRITANNIQUE

Audience annuelle : 76 millions.

Ouverture du MOMI (Museum of the Moving Image) — Wilf Stevenson succède à Anthony Smith à la tête du BFI — Mai : la BBC diffuse un documentaire sur l'affaire de Gibraltar, contre l'avis du gouvernement — Septembre : un nouveau règlement supprime le délai d'attente pour la diffusion des films de cinéma à petits budgets à la télévision — Retour de D. Puttnam — Novembre : le gouvernement étudie la libéralisation de la télévision, par la vente des franchises, la quasi-suppression d'IBA, etc.

LES DISPARUS DU CINÉMA

En Grande-Bretagne : Trevor Howard — Nat Cohen — Kenneth Williams — Emeric Pressburger — Barry Levinson — Roy Kinnear — Sir John Clements — Jennie Lee.

Ailleurs : Raj Kapoor — Jean Le Poulain — Michel Auclair — Paolo Stoppa — Pierre Prévert — Renato Salvatori — Jay Leda — Divine (Harris Milstead) — Jean Mitry — Gert Fröbe — John Houseman — Pauline Lafont — John Carradine.

ÉVÉNEMENTS DE LA VIE BRITANNIQUE

Mars : les services secrets britanniques abattent trois membres de l'IRA, à Gibraltar — Mai : attentat contre des soldats anglais aux Pays-Bas — Juin : Richard Eyre prend la direction du National Theatre, à la suite de Peter Hall — Juillet : incendie de la plate-forme pétrolière Piper Alpha, au large de l'Ecosse : 166 morts.

ANNEXE

Les succès britanniques en France

Octopussy	847.000
Greystoke	820.000
Never Say Never Again	780.000
The Killing Fields	780.000
The Mission	760.000
The Emerald Forest	718.000
Victor Victoria (US)	716.000
Gandhi	650.000
Elephant Man (US)	565.000
Excalibur	520.000
Merry Christmas/Furyo	443.000
A Room With a View	378.000
Brazil	361.000
The French Lieutenant's Woman	340.000
1984	235.000
The Draughtsman's Contract	180.000
Another Country	162.000
The Company of Wolves	150.000
My Beautiful Laundrette	104.000
Rude Boy	40.000

NB : Chiffres «Paris-périphérie», d'après Le Film Français. Ces chiffres donnent le nombre d'entrées, sur une saison, pour Paris et sa banlieue. Ils doivent donc être considérés comme indicatifs de la carrière du film sur l'ensemble du territoire et, dans certains cas, sur plusieurs années. Dans cette perspective, il est intéressant de noter les excellents résultats des films récents, ou moins récents d'Alan Parker :

Midnight Express	726.000
Birdy	353.000
Angel Heart	459.000

Budgets de films

Gregory's Girl (1981)	190.000 £
Scum (1979)	250.000 £
The Draughtsman's Contract (1982)	425.000 £
Caravaggio (1986)	475.000 £
Angel (1982)	600.000 £
My Beautiful Laundrette (1984)	650.000 £
Cal (1984)	1.000.000 £
Dance With a Stranger (1984)	1.360.000 £
The Company of Wolves (1984)	2.400.000 £

Legend (1984) 10.000.000 £
The Emerald Forest (1984) 14.000.000 £
Blade Runner (1982) 15.000.000 £
The Mission (1985) 17.300.000 £

La date de production est mentionnée: ne pas oublier l'inflation!

Nombre de salles de cinéma en Grande-Bretagne

1936: 4.300   1945: 4.500   1960: 3.000
1987:   628 multi-salles (1.250 écrans). Les 2/3 sont contrôlés par Cannon.

Lexique

ACGB : Arts Council of Great Britain
ACTT : Association of Cinematograph Television and Allied Technicians
AIP : Association of Independent Producers
BAFTA : British Academy of Film and Television Arts
BBFC : British Board of Film Classification
BFF : British Film Fund[1]
BFI : British Film Institute
BFTPA : British Film and Television Producers Association
BFY : British Film Year[2]
BKSTS : British Kinematograph Sound and Television Society
BSB : British Satellite Broadcasting
BSFC : British Screen Finance Consortium
COI : Central Office of Information
DGGB : Directors's Guild of Great Britain
IBA : Independent Broadcasting Authority
IFVMA : Independent Film and Video Makers Association
ITCA : Independent Television Companies Association
ITV : Independent Television
LFF : London Film Festival
NFA : National Film Archive
NFDF : National Film Development Fund
NFFC : National Film Finance Corporation[1]
NFT : National Film Theatre
NFTS : National Film and Television School

---

1. Institution récemment supprimée.
2. Institution temporaire.

Karl Francis.

1979-1988 :
325 films britanniques

Le lecteur trouvera ci-après un recensement de quelque trois cent vingt-cinq films britanniques sur la période considérée. Ce recensement comporte : le titre anglais du film, et éventuellement le titre français ; l'année de sortie en Grande-Bretagne ; le nom du réalisateur ; le nom de la (ou des) société(s) de production, et celui du (ou des) producteur(s) ; le nom du scénariste, et éventuellement de l'œuvre adaptée ; les noms des principaux comédiens ; la durée du film, sauf pour les films très récents dont le montage n'est pas terminé.

A

Absolute Beginners — 1986 — R. : Julien Temple — P.C. : Palace Pictures/Virgin/ Goldcrest (Stephen Woolley, Chris Brown) — Sc. : R. Burridge, Ch. Wicking, Don MacPherson, M. Hamlyn, d'après le roman de Colin MacInnes — Int. : Eddie O'Connell, Patsy Kensitt, David Bowie, James Fox, Sade, Tempole Tudor, Lionel Blair — Durée : 108 mn.

A Christmas Carol — 1984 — R. : Clive Donner — P.C. : Entertainment Enterprise — Sc. : Roger O. Hirson d'après Charles Dickens — Int. : George C. Scott, Frank Finlay, David Warner, Edward Woodward, Suzannah York — Durée : 101 mn.

Adventures of Baron Münchhausen (The)/Les Aventures du baron Münchhausen — 1989 — R. : Terry Gilliam — P.C. : Prominent Features/Laura Film Prod. (Thomas Schuhly, Jake Eberts) — Sc. : Charles McKeown, Terry Gilliam — Int. : John Neville, Sarah Poley, Jack Purvis, Steven Berkoff, Valentina Cortese, Sean Connery, Alison Steadman.

A Fish Called Wanda — 1988 — R. : John Cleese, Charles Crichton — P.C. : (Steve Abbott) (Michael Shamberg) Prominent Features — Sc. : John Cleese — Int. : Kevin Kline, Jamie Lee Curtis, John Cleese, Michael Palin, Maria Aitken, Tom Georgeson, Patricia Hayes — Durée : 108 mn.

A Handful of Dust — 1988 — R.: Charles Sturridge — P.C.: Stagescreen Prod. (Derek Granger) — Sc.: Tim Sullivan, D. Granger, Ch. Sturridge, d'après le roman d'E. Waugh — Int.: James Wilby, Kristin Scott Thomas, Rupert Graves, Judi Dench — Durée: 118 mn.

***A Letter to Brezhnev*/Bons Baisers de Liverpool** — 1985 — R.: Chris Bernard — P.C.: Yeardream/Film Four/Palace Prod. — Sc.: Frank Clarke — Int.: Peter Firth, Alexandra Pigg, Alfred Molina, Magie Clarke, Tracy Lea — Durée: 95 mn.

Alien — (US/GB) — 1979 — R.: Ridley Scott — P.C.: 20th Cent. Fox London (Ronald Shusett) — Sc.: Dan O'Bannon, Ronald Shusett — Int.: Tom Skerritt, Sigourney Weaver, Veronica Cartwright, Harry Dean Stanton, John Hurt, Ian Holm, Yaphet Kotto — Durée: 117 mn.

American Roulette — 1988 — R.: Maurice Hatton — P.C.: Film 4/British Screen Mandemar (Graham Easton) — Sc.: Maurice Hatton — Int. Andy Garcia, Kitty Aldridge — Durée: 102 mn.

American Way (The) — (US/GB) — 1986 — R.: Maurice Phillips — P.C.: Kerrash Ltd — Sc.: Scott Roberts — Int.: Denis Hopper, Michael J. Pollard — Durée: 100 mn.

***A Month in the Country*/Un mois à la campagne** — 1987 — R.: Pat O'Connor — P.C.: Euston Films/Film 4 (Kenith Trodd) — Sc.: Simon Gray d'après le roman de J.L. Carr — Int.: Colin Firth, Kenneth Branagh, Natasha Richardson, Patrick Malahide — Durée: 96 mn.

An American Werewolf in London — (US/GB) — 1981 — R.: John Landis — P.C.: Polygram Pictures — Sc.: John Landis — Int.: David Naughton, Jenny Agutter, Griffin Dunne, John Woodvine — Durée: 97 mn.

An Englishman Abroad — 1983 — R.: John Schlesinger — P.C.: BBC-TV (Innes Lloyd) — Sc.: Alan Bennett — Int.: Alan Bates, Coral Browne, Charles Gray — Durée: 60 mn.

Angel — 1982 — R.: Neil Jordan — P.C.: Motion Pictures C° Ireland/Irish Film Board/Channel 4 (John Boorman) — Sc.: Neil Jordan — Int.: Stephen Rea, Veronica Quilligan, Ray McAnally, Donald McCann, Honor Hefferman — Durée: 92 mn.

Angelic Conversation (The) — 1985 — R.: Derek Jarman — P.C.: BFI/Channel 4 (James Mackay) — Int.: Paul Reynolds, Phillipp Williamson — Shakespearean Sonnets — Durée: 81 mn.

Anne Devlin — (Eire) — 1984 — R.: Pat Murphy — P.C.: Aeon Films/Irish Film Board/Arts Council/RTE (Pat Murphy, Tom Hayes) — Sc.: Pat Murphy — Int.: Brid Brennan, Bosco Hogan, Des McAleer, Gillian Hackett, David Kelly, Pat Leavy, Bernie Downes — Durée: 121 mn.

Another Country — 1984 — R.: Marek Kanievska — P.C.: Goldcrest/NFFC/NFDF (Alan Marshall) — Sc.: Julian Mitchell, d'après sa pièce de théâtre — Int.: Rupert Everett, Colin Firth, Michael Jenn, Anna Massey, Cary Elwes, Rupert Wainwright, Tristan Oliver — Durée: 90 mn.

Another Time, Another Place/Cœurs captifs — 1983 — R.: Michael Radford — P.C.: Umbrella Films/Channel 4/Reddif. Films/Scottish Arts Council (Simon Perry) — Sc.: Michael Radford, d'après le roman de Jessie Kesson — Int.: Phyllis Logan, Giovanni Mauriello, Denise Coffey, Tom Watson, Gian Luca Favilla, Carol Ann Crawford — Durée: 102 mn.

A Passage to India/La Route des Indes — 1984 — R.: David Lean — P.C.: GW Films/E. Sands/HBO (J. Heyman, John Brabourne, R. Goodwin) — Sc.: David Lean d'après la pièce de Santha Rami Rau et le roman de E.M. Forster — Int.: Judy Davis, Peggy Ashcroft, Victor Banerjee, James Fox, Alec Guinness — Durée: 163 mn.

A Prayer for the Dying/L'Irlandais — (US/GB) — 1987 — R.: Mike Hodges — P.C.: PFD Films (Peter Snell) — Sc.: Edmund Ward, Martin Lynch d'après le roman de Jack Higgins — Int.: Mickey Rourke, Alan Bates, Bob Hoskins, Sammi Davis, Liam Neeson — Durée: 108 mn.

A Private Function/Porc royal — 1984 — R.: Malcolm Mowbray — P.C.: Hand Made (Mark Shivas) — Sc.: Alan Bennett — Int.: Michael Palin, Maggie Smith, Denholm Elliott, Richard Griffiths, Liz Smith, Alison Steadman — Durée: 94 mn.

Aria — 1987 — R.: Nicolas Roeg, Charles Sturridge, Jean-Luc Godard, Julien Temple, Bruce Beresford, Robert Altman, Franc Roddam, Ken Russell, Derek Jarman, Bill Bryden — P.C.: Don Boyd/Virgin — Int.: John Hurt, Alfredo Kraus, Anna Moffo, Leontyne Price, Julie Hagerty, Geneviève Page — Durée: 90 mn.

A Room With a View/Chambre avec vue — 1985 — R.: James Ivory — P.C.: ARWAV/Merchant/Ivory — Sc.: Ruth Prawer Jhabvala d'après le roman de E.M. Forster — Int.: Maggie Smith, Helena Bonham-Carter, Denholm Elliott, Julian Sands, Daniel Day Lewis, Simon Callow, Rosemary Leach, Judi Dench — Durée: 117 mn.

Ascendancy — 1982 — R.: Edward Bennett — P.C.: BFI-PB (Penny Clark, Ian Elsey) — Sc.: Edward Bennett, Nigel Gearing — Int.: Julie Covington, Ian Charleson, John Phillips, Rynagh O'Grady — Durée: 85 mn.

A Shocking Accident — 1982 — R.: James Scott — P.C.: Flamingo Pict./NFFC (Christine Oestreicher) — Sc.: James Scott, Ernie Eban d'après Graham Greene — Int.: Rupert Everett, Jenny Seagrove, Barbara Hicks, Oliver Blackburn, Robert Popper — Durée: 25 mn.

Assam Garden (The) – 1985 – R.: Mary McMurray – P.C.: Moving Pict. C°
(Nigel Stafford-Clark) – Sc.: Elisabeth Bond – Int.: Deborah Kerr, Madhur
Jaffrey, Alec McCowen, Zia Mohyeddin – Durée: 90 mn.

A Summer Story – 1988 – R.: Piers Haggard – P.C.: ITC (Danton Rissner) –
Sc.: Penelope Mortimer d'après *The Apple Tree* de Thomas Hardy – Int.: James
Wilby, Imogen Stubb, Susannah York – Durée: 100 mn.

At the Fountainhead – 1980 – R.: Anthea Kennedy, Nicolas Burton – P.C.: BFI
(Peter Sainsbury) – Sc.: Anthea Kennedy, Nicolas Burton – Int.: Paul Geof-
frey, Gerhard Richter, Frederick Jaeger, Brigitte Kahn, Michael Mellinger, Val
Kennedy – Durée: 96 mn.

An Unsuitable Job for a Woman – 1981 – R.: Chris Petit – P.C.: Boyd's C° for
Goldcrest/NFFC (Michael Relph, Peter McKay) – Sc.: Elizabeth McKay, Brian
Scobie, Chris Petit – Int.: Pippa Guard, Billie Whitelaw, Paul Freeman,
Elizabeth Spriggs – Durée: 94 mn.

A View to Kill/Dangereusement vôtre – 1985 – R.: John Glen – P.C.: Eon
Prod./MGM/UA – Sc.: Richard Maibaum, Michael G. Wilson – Int.: Roger
Moore, Christopher Walken, Grace Jones, Patrick Macnee, Tanya Roberts –
Durée: 131 mn.

A World Apart – 1988 – R.: Chris Menges – P.C.: Working Title Prod.
(T. Bevan/G. Bradstreet) – Sc.: Shawn Slovo – Int.: Barbara Hershy, Jodhi
May, Jeroen Krabbe, Carolyn Clayton-Cragg, Tim Roth, Paul Freeman –
Durée: 110 mn.

A Zed and Two Noughts/Z.O.O. – 1985 – R.: Peter Greenaway – P.C.: BFI-
PB/Artificial Eye/Film 4/Allarts Enterprises (P. Sainsbury)/(Kees Kasander) –
Sc.: Peter Greenaway – Int.: Andrea Ferreol, Eric et Brian Deacon, Frances
Barber, Joss Ackland, Jim Davidson, Guusje Van Tilborgh – Durée: 115 mn.

Babylon de Franco Rosso.

B

Babylon — 1980 — R.: Franco Rosso — P.C.: Gavrick Losey/Diversity Music/ NFFC — Sc.: Martin Stellman, Franco Rosso — Int.: Brinsley Forde, Karl Howman, Archie Pool, Beverly Michaels, T. Bone Wilson — Durée: 95 mn.

Begging the Ring — 1978 — R. et P.: Colin Gregg — Sc.: Colin Gregg, Hugh Stoddart — Int.: Danny Simpson, Jon Croft, Kenneth Midwood — Durée: 55 mn.

***Belly of an Architect (The)*/Le Ventre de l'architecte** — 1987 — R.: Peter Greenaway — P.C.: Callender Prod./Film 4/British Screen/Tangram Film (Colin Callender/Walter Donohue) — Sc.: Peter Greenaway — Int.: Brian Dennehye, Chloe Webb, Lambert Wilson, Sergio Fantoni, Stephania Casini — Durée: 115 mn.

Bellman and True — 1987 — R.: Richard Loncraine — P.C.: Hand Made/Euston (M. Wearing, C. Neame) — Sc.: Desmond Lowden, Richard Loncraine, Michael Wearing — Int.: Bernard Hill, Derek Newark, Richard Hope, Ken Bones, Frances Tomelty — Durée: 122 mn.

153

***Betrayal* / Trahisons conjugales** – 1982 – R.: David Jones – P.C.: Horizon Pict. (Sam Spiegel) – Sc.: Harold Pinter – Int.: Jeremy Irons, Ben Kingsley, Patricia Hodge – Durée: 95 mn.

Biddy – 1983 – R.: Christine Edzard – P.C.: Sands Films – Sc.: Christine Edzard – Int.: Celia Bannerman, Sam Ghazoros, Luke Duckett, Miles Parsey, David Napier, Kate Elphick, Sabine Goodwin, Emily Hone – Durée: 85 mn.

Biggles – 1986 – R.: John Hough – P.C.: Compact Yellowbill/Tambarle (Kent Walwin, Pom Oliver) – Sc.: John Groves, Kent Walwin, d'après des personnages créés par W.E. Johns – Int.: Neil Dickson, Alex Hyde-White, Peter Cushing, Fiona Hutchinson, Michael Siberry, Marcus Gilbert, William Hootkins – Durée: 92 mn.

Billy the Kid and the Green Baize Vampire – 1985 – R.: Alan Clarke – P.C.: Zenith Prod./ITC (Simon Mallin) – Sc.: Trevor Preston – Int.: Phil Daniels, Bruce Payne, Alun Armstrong, Louise Gold, Don Henderson – Durée: 93 mn.

Black Jack – 1979 – R.: Ken Loach – P.C.: (Tony Garnett) Kestrel/NFFC – Sc.: Ken Loach, d'après le roman de Leon Garfield – Int.: Stephen Hirst, Louise Cooper, Jean Franval, Packie Byrne, William Moore – Durée: 110 mn.

Black Stuff (The) – 1978 – R.: Jim Goddard – P.C.: BBC/Manchester (David Rose) – Sc.: Alan Bleasdale – Int.: Bernard Hill, Alan Igbon, Peter Kerrigan, Gary Bleasdale, Tom Georgeson, Michael Angelis, David Calder – Durée: 107 mn.

Bloody Kids – 1979 – R.: Stephen Frears – P.C.: Black Lion/ITC (Barry Hanson) – Sc.: Stephen Poliakoff – Int.: Derrick O'Connor, Gary Holton, Richard Thomas, Peter Clark – Durée: 91 mn.

Blood of Hussain (The) – 1980 – R., P., Sc.: Jamil Dehlavi – Int.: Salmaan Peerzada, Kika Markham, Durriya Kazi, Kabuli Baba, Mirza Ghazanfar Beg – Durée: 112 mn.

Born of Fire – 1986 – R.: Jamil Dehlavi – P.C.: J. Dehlavi, Therese Pickard/ Channel 4 – Sc.: Raficq Abdulla – Int.: Peter Firth, Suzan Crowley, Stefan Kalipha, Nabil Shaban, Oh-Tee – Durée: 84 mn.

***Bostonians (The)* / Les Bostoniennes** – 1984 – R.: James Ivory – P.C.: Merchant/Ivory Prod./WGBH (Boston)/Redif. Films (Londres) – Sc.: Ruth Prawer Jhabvala, d'après un roman de Henry James – Int.: Christopher Reeve, Vanessa Redgrave, Madeleine Petter, Nancy New, Jesssica Tandy – Durée: 122 mn.

Bounty (The) – 1984 – R.: Roger Donaldson – P.C.: Bounty Prod. Dino De Laurentiis Corp. – Sc.: Robert Bolt, d'après le livre de Richard Hough – Int.: Mel Gibson, Anthony Hopkins, Laurence Olivier, Edward Fox, Daniel Day-Lewis – Durée: 133 mn.

Boy Soldier – 1986 – R.: Karl Francis – P.C.: Ciné Cymru-S4C – Sc.: Karl Francis, Hayden Pierce – Int.: Richard Lynch, Bernard Latham, Dafydd Hywell, James Donnelly, W.J. Phillips, Emer Gillespie – Durée: 100 mn.

Brazil – 1985 – R.: Terry Gilliam – P.C.: Brazil Prod. (Arnon Milchan) – Sc.: Terry Gilliam, Tom Stoppard, Charles McKeown – Int.: Jonathan Pryce, Robert De Niro, Ian Holm, Bob Hoskins, Michael Palin, Kim Greist, Katherine Helmond – Durée: 142 mn.

Breaking Glass – 1980 – R.: Brian Gibson – P.C.: Dodi Fayed/Allied Stars (Davina Belling, Clive Parsons) – Sc.: Brian Gibson – Int.: Phil Daniels, Hazel O'Connor, Jon Finch, Jonathan Pryce – Durée: 104 mn.

Bride (The)/La Promise – 1985 – R.: Franc Roddam – P.C.: Colgems Prod./ Columbia-Delphi Prod. (Victor Drai) – Sc.: Lloyd Fonvielle – Int.: Sting, Jennifer Beals, Anthony Higgins, Clancy Brown, Geraldine Page, Phil Daniels, David Rappaport – Durée: 119 mn.

Britannia Hospital – 1982 – R.: Lindsay Anderson – P.C.: Film & General/ EMI/NFFC (Davina Belling, Clive Parsons) – Sc.: David Sherwin – Int.: Malcolm McDowell, Joan Plowright, Leonard Rossister, Marsha Hunt, Graham Crowden – Durée: 116 mn.

Brothers and Sisters – 1980 – R.: Richard Woolley – P.C.: BFI (P. Sainsbury, K. Griffiths) – Sc.: Richard Woolley – Int.: Sam Dale, Carolyn Pickles, Jenifer Armitage, Robert East, Elizabeth Bennett – Durée: 101 mn.

Burning an Illusion – 1981 – R.: Menelik Shabazz – P.C.: BFI-PB – Sc.: Menelik Shabazz – Int.: Cassie McFarlane, Victor Romero, Angela Wynter, Beverley Martin, Malcolm Fredericks – Durée: 111 mn.

Business As Usual – 1987 – R.: Lezli-Ann Barrett – P.C.: Cannon/Film 4 (Sara Geater) – Sc.: L.A. Barrett – Int.: Glenda Jackson, John Thaw, Cathy Tyson, Mel Martin, Mark McGann, Eammon Boland – Durée: 88 mn.

Amanda Donohue, Oliver Reed dans *Castaway* de Nicholas Roeg.

C

Cal – 1984 – R.: Pat O'Connor – P.C.: Enigma/Goldcrest (David Puttnam) – Sc.: Bernard MacLaverty d'après son roman – Int.: Helen Mirren, John Lynch, Donald McCann, Stephen Rimkus, John Kavanagh – Durée: 107 mn.

Captive – 1985 – R.: Paul Mayersberg – P.C.: Lawson Colegrave Prod. (London) (Don Boyd)/Prod. Belles Rives (Paris) – Sc.: Paul Mayersberg – Int.: Irina Brook, Oliver Reed, Xavier Deluc, Hiro Arai, Corinne Dacla – Durée: 98 mn.

Caravaggio – 1986 – R.: Derek Jarman – P.C.: BFI Prod./Channel 4/N. Ward-Jackson (Sarah Radclyffe) – Sc.: Derek Jarman – Int.: Nigel Terry, Spencer Leigh, Dexter Fletcher, Michael Gough, Sean Bean, Tilda Swinton, Robbie Coltrane – Durée: 93 mn.

Castaway – 1986 – R.: Nicolas Roeg – P.C.: Castaway Film/Cannon/UBA/ (Rick McCallum) – Sc.: Allan Scott d'après le livre de Lucy Irvine – Int.: Oliver Reed, Amanda Donohue, Georgina Hale, Frances Barber, Tony Rickards, Todd Rippon – Durée: 120 mn.

Caught on a Train – 1980 – R.: Peter Duffell – P.C.: BBC/Time-Life (Kenith Trodd) – Sc.: Stephen Poliakoff – Int.: Peggy Ashcroft, Michael Kitchen, Wendy Raebeck, Michael Sheard, Ingo Mogendorf – Durée: 83 mn.

Chain (The) – 1984 – R.: Jack Gold – P.C.: Quintet Prod./County Bank/ Channel 4 – Sc.: Jack Rosenthal – Int.: Herbert Norville, Warren Mitchell, Denis Lawson, Nigel Hawthorne, Billie Whitelaw, Leo McKern, Phyllis Logan, Judy Parfitt – Durée: 100 mn.

Champions – 1983 – R.: John Irvin – P.C.: Archerwest Ltd./Embassy Ladbroke Entertainments – Sc.: Evan Jones d'après le livre de Bob Champion – Int.: John Hurt, Edward Woodward, Ben Johnson, Jan Francis, Peter Barkworth – Durée: 115 mn.

Chanel Solitaire – 1981 – R.: George Kaczender – P.C.: Gardenia Films (Paris)/Todrest (London) – Sc.: Julian More d'après le livre de Claude Delay – Int.: Marie-France Pisier, Timothy Dalton, Rutger Hauer, Karen Black, Brigitte Fossey – Durée: 124 mn.

***Chariots of Fire/* Les Chariots de feu** – 1981 – R.: Hugh Hudson – P.C.: David Puttnam/Enigma/Goldcrest/Allied Stars – Sc.: Colin Welland – Int.: Ben Cross, Ian Charleson, Cheryl Campbell, Ian Holm, Alice Krige, John Gielgud – Durée: 121 mn.

***Clash of the Titans/* Le Choc des Titans** – 1981 – R.: Desmond Davies – P.C.: Charles H. Schneer, Ray Harryhausen/MGM – Sc.: Beverley Cross – Int.: Laurence Olivier, Claire Bloom, Ursula Andress, Harry Hamlin – Durée: 118 mn.

Clockwise – 1985 – R.: Christopher Morahan – P.C.: Moment Films/Thorn EMI (Michael Codron) – Sc.: Michael Frayn – Int.: John Cleese, Alison Steadman, Sharon Maiden, Penelope Wilton – Durée: 96 mn.

Closing Ranks – 1987 – R.: Roger Graef – P.C.: Zenith/Fire Pictures (Emma Hayter) – Sc.: Roger Graef, Andy Smith – Int.: Rob Spendlove, Liz Edmonds, David Hunt, Patrick Field – Durée: 88 mn.

Comedians – 1979 – R.: Richard Eyre – P.C.: BBC – Sc.: Trevor Griffiths – Int.: Bill Fraser, Jonathan Pryce, David Burke, Linal Haft, Derrick O'Connor, Edward Peel, James Warrior, Ralph Nossek – Durée: 94 mn.

Comfort and Joy – 1984 – R.: Bill Forsyth – P.C.: Lake/Thorn EMI/Scottish Television – Sc.: Bill Forsyth – Int.: Bill Paterson, Eleanor David, Roberto Bernardi, Alex Norton, C.P. Grogan – Durée: 106 mn.

***Coming Up Roses/* Rhosyn a Rhith** – 1986 – R.: Stephen Bayly – P.C.: Red Rooster/S4C (Linda James) – Sc.: Ruth Carter – Int.: Dafydd Hywel, Iola Gregory, W.J. Phillips, Olive Michael, Mari Emlyn – Durée: 93 mn.

Company of Wolves (The) / **La Compagnie des loups** − 1984 − R.: Neil Jordan − P.C.: Palace Prod./ITC (Chris Brown, Stephen Woolley) − Sc.: Angela Carter, Neil Jordan, d'après les histoires d'Angela Carter − Int.: Angela Landsbury, David Warner, Stephen Rea, Georgia Slowe, Sarah Patterson, Terence Stamp − Durée: 95 mn.

Comrades − 1986 − R.: Bill Douglas − P.C.: British Screen/Skreba/Film 4 (Simon Relph) − Sc.: Bill Douglas − Int.: Robert Stephens, Stephen Bateman, Jeremy Flynn, Philip Davis, Robin Soans, Patrick Field, William Gaminara, Amber Wilkinson, Heather Page − Durée: 183 mn.

Consuming Passions − 1988 − R.: Giles Foster − P.C.: Euston Film/Samuel Goldwyn C° (William Cartlidge) − Sc.: Paul D. Zimmerman, Andrew Davies − Int.: Vanessa Redgrave, Freddie Jones, Jonathan Pryce, Tyler Butterworth, Prunella Scales, Sammi Davis, Jim O'Brien − Durée: 98 mn.

Country − 1981 − R.: Richard Eyre − P.C.: BBC − Sc.: Trevor Griffiths − Int.: Leo McKern, James Fox, Wendy Hiller, Joan Greenwood, Penelope Wilton, Deborah Norton − Durée: 85 mn.

Country Girls (The) − 1983 − R.: Desmond Davis − P.C.: London Films International/Irish Film Board/Channel 4 (Aida Young) − Sc.: Edna O'Brien d'après son roman − Int.: Maeve Germaine, Jill Doyle, Sam Neill, Des Nealon, John Kavanagh − Durée: 108 mn.

Crime Pays − 1986 − R.: Christopher Monger − P.C.: Thread Cross Films (David Lascelles) − Sc.: Christopher Monger − Int.: Ronnie Williams, Veronica Quilligan − Durée: 88 mn.

Cry Freedom / **Le Cri de la liberté** − 1987 − R.: Richard Attenborough − P.C.: Marble Arch Prod. − Sc.: John Briley d'après Donald Woods − Int.: Kevin Kline, Penelope Wilton, Denzel Washington, John Hargreaves, Kevin McNally − Durée: 158 mn.

Crystal Gazing − 1982 − R.: Laura Mulvey, Peter Wollen − P.C.: BFI-PB/Channel 4 − Sc.: Laura Mulvey, Peter Wollen − Int.: Gavin Richards, Lora Logic, Mary Maddox − Durée: 92 mn.

Curse of the Pink Panther / **La Malédiction de la panthère rose** − 1983 − R.: Blake Edwards − P.C.: Titan Prod./MGM-UA − Sc.: Blake Edwards, Geoffrey Edwards − Int.: David Niven, Robert Wagner, Herbert Lom, Joanna Lumley, Ted Wass − Durée: 110 mn.

Defence of the Realm de David Drury.

D

T. Dan Smith – 1987 – R.: Amber Films – P.C.: Amber Films/BFI/Channel 4 – Int.: T. Dan Smith, Jack Johnston, Art Davies, Dave Hill, Christopher Northey – Durée: 86 mn.

Dance with a Stranger – 1984 – R.: Mike Newell – P.C.: First Film C°/ Goldcrest/NFFC/Film Four (Roger Randall-Cutler) – Sc.: Shelag Delaney – Int.: Miranda Richardson, Rupert Everett, Ian Holm, Tom Chadbon, Jane Bertish – Durée: 102 mn.

Dark Crystal (The) – 1982 – R.: Jim Henson, Frank Oz – P.C.: Henson Prod./ ITC – Sc.: David Odell, Jim Henson – Durée: 93 mn.

Death of a Princess – 1980 – R.: Antony Thomas – P.C.: ATV Network/ WGBH (Boston)/NOS (Holland)/7 Network (Australie)/Television New Zealand – Sc.: Antony Thomas – Int.: Suzanne Abou Taleb, Paul Freeman, Judy Parfitt, Samir Sabri – Durée: 115 mn.

Deceivers (The) — 1988 — R.: Nicholas Meyer — P.C.: Masters Films (I. Merchant, T. Van Rellin) — Sc.: Michael Hirts d'après le roman de John Masters — Int.: Pierce Brosnan, Shashi Kapoor, Saeed Jaffrey, Helena Michell, Keith Michell — Durée: 103 mn.

Defence of the Realm — 1985 — R.: David Drury — P.C.: Enigma/NFFC/Rank (D. Puttnam, L. Myles, R. Douet) — Sc.: Martin Stellman — Int.: Gabriel Byrne, Greta Scacchi, Denholm Elliott, Ian Bannen, Fulton Mackay — Durée: 96 mn.

Déjà vu — 1984 — R.: Anthony Richmond — P.C.: London Cannon Films — Sc.: Ezra D. Rappaport d'après le roman *Always* de Trevol Meldal-Johnsen — Int.: Jaclyn Smith, Nigel Terry, Shelley Winters, Richard Kay, Frank Gatliff — Durée: 94 mn.

Disappearance of Harry (The) — 1982 — R.: Joseph Despins — P.C.: Labrahurst Ltd/Channel 4 — Sc.: Howard Wakeling, J. Despins — Int.: Annette Crosbie, Cornelius Garrett, Leonard Preston, Philip Locke, Dudley Sutton, Rosalind Knight — Durée: 94 mn.

Distant Voices, Still Lives — 1988 — R.: Terence Davies — P.C.: BFI/Prod./Channel 4/ZDF (Colin McCabe, Jennifer Howarth) — Sc.: Terence Davies — Int.: Freda Dowie, Pete Postlethwaite, Angela Walsh, Dean Williams, Lorraine Ashbourne — Durée: 84 mn.

Doctor and the Devils (The) — 1985 — R.: Freddie Francis — P.C.: Brooksfilms/B. Cooper/B. Gintell (Mel Brooks) — Sc.: Ronald Harwood d'après Dylan Thomas — Int.: Timothy Dalton, Jonathan Pryce, Twiggy, Julian Sands, Stephen Rea, Phyllis Logan — Durée: 92 mn.

Dogs of War (The) / **Les Chiens de guerre** — 1980 — R.: John Irvin — P.C.: United Artists (Norman Jewison, Patrick Palmer) — Sc.: Gary DeVore, George Malko d'après le roman de Frederick Forsyth — Int.: Christopher Walken, Tom Berenger, Colin Blakely, Hugh Millais, J.F. Stevenin, Winston Ntshona — Durée: 118 mn.

Doll's Eye — 1982 — R.: Jan Worth — P.C.: BFI-PB/Channel 4 — Sc.: Jan Worth, Annie Brown, Anne Cottringer — Int.: Sandy Ratcliff, Bernice Stegers, Lynne Worth, Richard Tolan — Durée: 75 mn.

Draughtsman's Contract (The) / **Meurtre dans un jardin anglais** — 1982 — R.: Peter Greenaway — P.C.: BFI-PB (P. Sainsbury)/Channel 4 — Sc.: Peter Greenaway — Int.: Anthony Higgins, Janet Suzman, Anne Louise Lambert, Neil Cunningham, Hugh Fraser — Durée: 108 mn.

Dread Beat an Blood — 1978 — R.: Franco Rosso — P.C.: Arts Council of GB (F. Rosso) — Sc.: Franco Rosso, Linton Kwesi Johnson — Int.: Linton Kwesi Johnson — Durée: 45 mn.

Dreamchild — 1985 — R.: Gavin Millar — P.C.: Pennies from Heaven/Thorn EMI (Rick McCallum, Kenith Trodd) — Sc.: Dennis Potter — Effets spéciaux: Jim Henson — Int.: Coral Browne, Amelia Shankley, Peter Gallagher, Ian Holm, Nicola Cowper, Caris Corfman, Jane Asher — Durée: 94 mn.

***Dresser (The)*/L'Habilleur** — 1983 — R.: Peter Yates — P.C.: Goldcrest/World Film Services/Columbia (Peter Yates) — Sc.: Ronald Harwood d'après sa pièce — Int.: Albert Finney, Tom Courtenay, Edward Fox, Zena Walker, Eileen Atkins, Cathryn Harrison — Durée: 118 mn.

Dressmaker (The) — 1988 — R.: Jim O'Brien — P.C.: Film 4 (Ronnie Shedlo, Steve Clark Hall) — Sc.: John McGrath d'après le roman de Beryl Bainbridge — Int.: Joan Plowright, Billie Whitelaw, Jane Horrocks, Tim Ransom — Durée: 88 mn.

Drowning by Numbers — 1988 — R.: Peter Greenaway — P.C.: Film 4/Elsevier Vendex/Allarts Prod. (Kees Kasander, Denis Wigman) — Sc.: Peter Greenaway — Int.: Joan Plowright, Juliet Stevenson, Joely Richardson, Bernard Hill, John Rogan, Paul Mooney — Durée: 119 mn.

Duet for One — 1987 — R.: Andrei Kontchalovski — P.C.: Golan-Globus (Michael Kagan) — Sc.: Tom Kempinski, Jeremy Lipp, Andrei Kontchalovski — Int.: Julie Andrews, Alan Bates, Max von Sydow, Rupert Everett — Durée: 107 mn.

Eat the Peach de Peter Ormrod.

E

Eat the Peach − (Eire) − 1986 − R.: Peter Ormrod − P.C.: Strongbow/Film 4/ NFDF/Arts Council of Ireland (John Kelleher) − Sc.: Peter Ormrod, John Kelleher − Int.: Stephen Brennan, Catherine Byrne, Joe Lynch, Niall Toibin, Tony Doyle − Durée: 95 mn.

Eat the Rich − 1987 − R.: Peter Richardson − P.C.: Iron Fist/British Screen/ Film 4 (Michael White, Tim Van Rellim) − Sc.: Peter Richardson, Pete Richens − Int.: Ronald Allen, Lanah Pellay, Nosher Powell, Fiona Richmond, Jimmy Fagg − Durée: 93 mn.

Educating Rita/**L'Education de Rita** − 1983 − R.: Lewis Gilbert − P.C.: Acorn Pictures (L. Gilbert) − Sc.: Willy Russel d'après sa pièce − Int.: Michael Caine, Julie Walters, Malcolm Douglas, Jeananne Crowley, Michael Williams, Maureen Lipman − Durée: 110 mn.

84 Charing Cross Road – 1986 – R.: David Jones – P.C.: Brooks Films/D. Jones Films (M. Brooks) – Sc.: Hugh Whitemore d'après le livre de Helene Hanffbook – Int.: Anne Bancroft, Anthony Hopkins, Judi Dench, Maurice Denham, Jean De Bear – Durée: 99 mn.

Electric Dreams – 1984 – R.: Steve Barron – P.C.: (GB/US) Virgin Films/ R. Lemorande/L. De Waay – Sc.: Rusty Lemorande – Int.: Lenny von Dohlen, Virginia Madsen, Maxwell Caulfield, Don Fellows, Alan Polonsky – Durée: 100 mn.

Emerald Forest (The)/La Forêt d'émeraude – 1985 – R.: John Boorman – P.C.: Christel Films/Embassy Pict. (John Boorman) – Sc.: Rospo Pallenberg – Int.: Powers Boothe, Charley Boorman, Meg Foster, Rui Polonah, Eduardo Conde, Dira Paes – Durée: 114 mn.

Empire State – 1987 – R.: Ron Peck – P.C.: Team Pict./Cine Film/Film 4/ British Screen (Norma Heyman) – Sc.: Ron Peck, Mark Ayres – Int.: Cathryn Harrison, Jason Hoganson, Martin Landau, Ray McAnally, Elizabeth Hickling, Jamie Foreman, Lorcan Cranitch – Durée: 102 mn.

Enigma – 1982 – R.: Jeannot Szwarc – P.C.: Archerwest (London)/SFPC (Paris) – Sc.: John Briley d'après le roman *Enigma Sacrifice* de Michael Barak – Int.: Martin Sheen, Brigitte Fossey, Michael Lonsdale, Derek Jacobi, Frank Finlay – Durée: 122 mn.

Eureka – 1982 – R.: Nicolas Roeg – P.C.: Recorded Pict. C° (London)/JF Prod. (Los Angeles) (J. Thomas) – Sc.: Paul Mayesberg d'après le roman *Who Killed Sir Harry Oakes?* de Marshall Houts – Int.: Gene Hackman, Theresa Russell, Mickey Rourke, Helena Kallianiotes, Joe Pesci, Rutger Hauer – Durée: 129 mn.

Europeans (The)/Les Européens – 1979 – R.: James Ivory – P.C.: Merchant/ Ivory/NFFC – Sc.: Ruth Prawer Jhabvala d'après Henry James – Int.: Lee Remick, Robin Ellis, Lisa Eichhorn, Tim Woodward, Wesley Addy – Durée: 83 mn.

Every Picture Tells a Story – 1984 – R.: James Scott – P.C.: Flamingo Pict./TSI/ SFPF/Channel 4/Arts Council of N. Ireland (Christine Oestreicher) – Sc.: Shane Connaughton – Int.: Alex Norton, Phyllis Logan, Mark Airlie, John Docherty, Leonard O'Malley – Durée: 83 mn.

Evil Under the Sun/Meurtre au soleil – 1981 – R.: Guy Hamilton – P.C.: Mersham Prod. for Titan Prod. – Sc.: Anthony Shaffer d'après Agatha Christie – Int.: Peter Ustinov, Colin Blakely, Jane Birkin, Maggie Smith, James Mason, Nicholas Clay – Durée: 117 mn.

Excalibur – (Eire) – 1980 – R.: John Boorman – Prod. J. Boorman – Sc.: Rospo Pallenberg d'après *La Mort d'Arthur* – Int.: Nigel Terry, Helen Mirren, Nicholas Clay, Nicol Williamson, Cherie Lunghi, Gabriel Byrne – Durée: 130 mn.

Experience Preferred But Not Essential – 1982 – R.: Peter Duffell – P.C.: Enigma/Goldcrest/Channel 4 (David Puttnam) – Sc.: June Roberts – Int.: Elizabeth Edwards, Roy Heather, Geraldine Griffith – Durée: 80 mn.

Flight to Berlin de Christopher Petit.

F

Falls (The) – 1980 – R.: Peter Greenaway – P.C.: BFI (P. Sainsbury) – Sc.: Peter Greenaway – Durée: 185 mn.

Fantasist (The) – (Eire) – 1986 – R.: Robin Hardy – P.C.: New Irish Prod./ITC (Mark Forstater) – Sc.: Robin Hardy d'après le roman *Goosefoot* de Patrick McGinley – Int.: Moira Harris, Christopher Cazenove, Timothy Bottoms, Bairbre Ni Chaoimh, Mick Lally, John Kavanagh – Durée: 98 mn.

Far Pavilions (The)/Pavillons lointains – 1984 – R.: Peter Duffell – P.C.: G. Reeve/Goldcrest/Fleet – Sc.: Julian Bond d'après le roman de M. M. Kaye – Int.: Ben Cross, Amy Irving, Christopher Lee, Benedict Taylor, Rossano Brazzi, Saeed Jaffrey – Durée: 115 mn.

Fatherland – 1986 – R.: Kenneth Loach – P.C.: Kestrel II/Film 4/Clasart Film (Munich)/MK2 (Paris) (Irving Teiltelbaum) – Sc.: Trevor Griffiths – Int.: Gerulf Pannach, Fabienne Babe, Cristine Rose, Sigfrit Steiner – Durée: 111 mn.

Flash Gordon − 1980 − R.: Michael Hodges − P.C.: Dino De Laurentiis/EMI-Warner − Sc.: Lorenzo Semple Junior d'après les personnages créés par Alex Raymond − Int.: Sam J. Jones, Melody Anderson, Haïm Topol, Max von Sydow, Ornella Muti − Durée: 115 mn.

Flight to Berlin − 1983 − R.: Christopher Petit − P.C.: Road Movies/BFI/Channel 4 (Chris Sievernich) − Sc.: Christopher Petit − Int.: Tusse Silberg, Paul Freeman, Lisa Kreuzer, Jean-François Stevenin, Eddie Constantine − Durée: 90 mn.

Fords on Water − 1983 − R.: Barry Bliss − P.C.: BFI-PB/Channel 4 − Sc.: Barry Bliss, Billy Colvill − Int.: Elvis Payne, Mark Wingett, Kathryn Apanowicz, Jason Rose − Durée: 83 mn.

Foreign Body − 1986 − R.: Ronald Neame − P.C.: Orion (Colin Brewer) − Sc.: Celine La Freniere d'après le roman de Roderick Mann − Int.: Victor Banerjee, Warren Mitchell, Geraldine McEwan, Eve Ferret, Trevor Howard, Amanda Donohoe − Durée: 111 mn.

Forever Young − 1983 − R.: David Drury − P.C.: Enigma/Goldcrest/Channel 4 (David Puttnam) − Sc.: Ray Connolly − Int.: James Aubrey, Nicholas Gecks, Liam Holt, Karen Archer, Alec McGowen − Durée: 84 mn.

For Queen and Country − 1988 − R.: Martin Stellman − P.C.: Working Title Ltd. (Tim Bevan) − Sc.: M. Stellman, Trix Worrell − Int.: Denzel Washington, Dorian Healy, George Baker.

For Your Eyes Only/Rien que pour vos yeux − 1981 − R.: John Glen − P.C.: Albert R. Broccoli − Sc.: Richard Maibaum, Michael G. Wilson − Int.: Roger Moore, Carole Bouquet, Topol, Jack Hedley, Julian Glover − Durée: 127 mn.

Fourth Protocol (The)/Le Quatrième Protocole − 1987 − R.: John Mackenzie − P.C.: Fourth Protocol Films (F. Forsyth, M. Caine, W. Said) − Sc.: Frederyck Forsyth d'après son roman − Int.: Michael Caine, Pierce Brosnan, Ned Beatty, Michael Gough, Julian Glover, Ray McAnally, Ian Richardson − Durée: 119 mn.

French Lieutenant's Woman (The)/La Maîtresse du lieutenant français − 1981 − R.: Karel Reisz − Pr. Leon Clove − Sc.: Harold Pinter d'après le roman de J. Fowles − Int.: Meryl Streep, Jeremy Irons, Lynsey Baxter, Leo McKern, Patience Collier − Durée: 123 mn.

Friendship's Death − 1987 − R.: Peter Wollen − P.C.: BFI/Channel 4 (Rebecca O'Brien) − Sc.: Peter Wollen − Int.: Bill Paterson, Tilda Swinton, Patrick Bauchau, Ruby Baker, Joumana Gill − Durée: 78 mn.

Frog Prince (The) – 1984 – R.: Brian Gilbert – P.C.: Enigma/Warner/Goldcrest (David Puttnam) – Sc.: Posy Simmonds – Int.: Jane Snowden, Alexandre Sterling, Françoise Brion, Pierre Vernier, Jacqueline Doyen, Diana Blackburn – Durée: 90 mn.

Fruit Machine (The) – 1988 – R.: Philip Saville – P.C.: Granada F.F.C. (Steve Morrison) – Sc.: Frank Clarke – Int.: Emile Charles, Tony Forsyth, Robert Stephens – Durée: 100 mn.

The Gamekeeper de Kenneth Loach.

G

Gandhi – 1982 – R.: Richard Attenborough – P.C.: Indo-British Films/International Film Investors/Goldcrest/NFDC/India (Richard Attenborough) – Sc.: John Briley – Int.: Ben Kingsley, Candice Bergen, Edward Fox, John Gielgud, Trevor Howard, John Mills, Martin Sheen, Saeed Jaffrey – Durée: 188 mn.

Giro City – 1982 – R.: Karl Francis – P.C.: Silvarealm/Channel 4/Rediffusion Films (Sophie Balhetchet, David Payne) – Sc.: Karl Francis – Int.: Glenda Jackson, John Finch, Simon Jones, Huw Ceredig – Durée: 102 mn.

Ghost Dance – 1983 – R.: Ken McMullen – P.C.: Looseyard/Channel 4/ZDF – Sc.: Ken McMullen – Int.: Leonie Mellinger, Pascale Ogier, Dominique Pinon, Jacques Derrida – Durée: 100 mn.

Girl in the Picture (The) — 1985 — R.: Carrie Parker — P.C.: Antonine/NFFC/ Rank Dist. (Paddy Higson) — Sc.: Carrie Parker — Int.: Irina Brooks, John Gordon-Sinclair, David McKay, Paul Young, Gregor Fisher — Durée: 91 mn.

Girl from the South — 1988 — R.: Richard Woolley — P.C.: Spectre (Jean Stewart) — Sc.: R. Woolley — Int.: Michelle Mulvany, Mark Crowshaw, Rosamund Greenwood — Durée: 75 mn.

Give My Regards to Broad Street/ Rendez-vous à Broad Street — 1984 — R.: Peter Webb — P.C.: MPL Communication — Sc.: Paul McCartney — Int.: Paul McCartney, Bryan Brown, Ringo Starr, Barbara Bach, Linda McCartney, Ralph Richardson — Durée: 108 mn.

Gold Diggers — 1983 — R.: Sally Potter — P.C.: BFI-PB/Channel 4 — Sc.: Lindsay Cooper, Rose English, Sally Potter — Int.: Julie Christie, Colette Lafont, Hilary Westlake, David Gale — Durée: 89 mn.

Good Father (The) — 1986 — R.: Mike Newell — P.C.: Greenpoint Films/Film 4 (Ann Scott) — Sc: Christopher Hampton d'après le roman de Peter Prince — Int.: Anthony Hopkins, Jim Broadbent, Harriet Walter, Harry Grubb, Frances Viner, Simon Callow, Joanne Whalley — Durée: 90 mn.

Gothic — 1986 — R.: Ken Russell — P.C.: Virgin Vision (Penny Corke) — Sc.: Stephen Volk d'après Mary Shelley — Int.: Gabriel Byrne, Julian Sands, Natasha Richardson, Myriam Cyr, Timothy Spall — Durée: 87 mn.

Great Muppet Caper (The) — 1981 — R.: Jim Henson — P.C.: ITC (David Lazer, Frank Oz) — Sc.: Tom Patchett, Jay Tarses, Jerry Juhl, Jack Rose — Durée: 97 mn.

Great Rock'n'Roll Swindle (The) — 1979 — R.: Julian Temple — P.C.: Don Boyd, Virgin Films — Sc.: Julian Temple — Int.: Malcolm McLaren, Sid Vicious, Johnny Rotten, Steve Jones, Eddie Tempole Tudor — Durée: 104 mn.

Gregory's Girl/ Une fille pour Gregory — 1980 — R.: Bill Forsyth — P.C.: Lake Prod./NFFC/Scottish TV (Davina Belling, Clive Parsons) — Sc.: Bill Forsyth — Int.: Gordon John Sinclair, Clare Grogan, Dee Hepburn, Jake d'Arcy, Allison Forster — Durée: 91 mn.

Greystoke — 1984 — R.: Hugh Hudson — P.C.: WEA Records/Warner Bros. (H. Hudson, S. Canter) — Sc.: P.H. Vazak, Michael Austin d'après E.R. Burroughs — Int.: Ralph Richardson, Christophe Lambert, James Fox, Ian Holm, Paul Geoffrey, Cheryl Campbell, Andie McDowell — Durée: 137 mn.

Heavenly Pursuits de Charles Gormley.

H

Happy Alcoholic (The) — 1984 — R.: Karl Francis — P.C.: S4C/Cine Cymru — Sc.: Karl Francis — Int.: Dafydd Hywel, Gwenlliam Davies, Elmmed Jones, David Lyn — Durée: 110 mn.

Hawks — 1988 — R.: Robert Ellis Miller — P.C.: Barry Gibb/David English/ P.R.O. — Int.: Timothy Dalton, Anthony Edwards, Janet McTeer, Camille Coduri, Robert Lang — Durée: 108 mn.

***Heat and Dust/*Chaleur et Poussière** — 1982 — R.: James Ivory — P.C.: Merchant/Ivory — Sc.: Ruth Prawer Jhabvala — Int.: Greta Scacchi, Shashi Kapoor, Madhur Jaffrey, Julie Christie, Jennifer Kendall, Barry Foster — Durée: 130 mn.

Heavenly Pursuits – 1986 – R.: Charles Gormley – P.C.: Island/Skreba/Film 4/ NFFC (Michael Relph) – Sc.: Charles Gormley – Int.: Tom Conti, Helen Mirren, Brian Pettifer, Ewen Bremner, Dave Anderson, David Hayman – Durée: 91 mn.

Hero – 1982 – R.: Barney Platt-Mills – P.C.: Maya Films/Channel 4 (Andrew St. John) – Sc.: B. Platt-Mills d'après *Tales of the Western Highlands* de J.F. Campbell – Int.: Derek McGuire, Stewart Grant, Alastair Kenneil, Caroline Kenneil – Durée: 92 mn.

Hidden City – 1987 – R.: Stephen Poliakoff – P.C.: Hidden City Films – Sc.: S. Poliakoff – Int.: Charles Dance, Cassie Stuart, Bill Paterson, Tusse Silberg – Durée: 100 mn.

Highlander – (US/GB) – 1986 – R.: Russell Mulcahy – P.C.: Highlander Prod. – Sc.: Gregory Widen, Peter Bellwood, Larry Ferguson – Int.: Christophe Lambert, Sean Connery, Roxanne Hart, Clancy Brown, Beatie Edney, Alan North – Durée: 111 mn.

High Season – 1987 – R.: Clare Peploe – P.C.: Hemdale Film Corp./Film 4/ British Screen/NFDF – Sc.: Mark et Clare Peploe – Int.: Jacqueline Bisset, James Fox, Irène Papas, Sebastian Shaw, Paris Tselois, Kenneth Branagh – Durée: 101 mn.

High Spirits – 1988 – R.: Neil Jordan – P.C.: Palace Pictures (S. Woolley, D. Saunders) – Sc.: N. Jordan – Int.: Peter O'Toole, Daryl Hannah, Steve Guttenberg.

Hit (The) – 1984 – R.: Stephen Frears – P.C.: Zenith/Central Prod. (J. Thomas) – Sc.: Peter Prince – Int.: John Hurt, Terence Stamp, Tim Roth, Laura Del Sol, Fernando Rey – Durée: 98 mn.

Hitler's SS: Portrait in Evil – 1985 – R.: Jim Goddard – P.C.: Colason. E.J. Scherick Ass. – Sc.: Lukas Heller – Int.: John Shea, Billy Nighy, Lucy Gutteridge, David Warner, Jose Ferrer, Robert Urquhart – Durée: 147 mn.

Holcroft Covenant (The) – 1985 – R.: John Frankenheimer – P.C.: Holcroft Films/Thorn EMI – Sc.: George Axelrod, Edward Anhalt, John Hopkins d'après le roman de Robert Ludlum – Int.: Michael Caine, Anthony Andrews, Lilli Palmer, Michael Lonsdale, Mario Adorf, Victoria Tennant – Durée: 112 mn.

Honorary Consul – 1983 – R.: John Mackenzie – P.C.: World Films Services/ Parsons & Whittemore Lyddon Ltd – Sc.: Christopher Hampton d'après Graham Greene – Int.: Richard Gere, Michael Caine, Bob Hoskins, Elpidia Carrillo, Joaquim de Almeida – Durée: 104 mn.

Hope and Glory – 1987 – R.: John Boorman – P.C.: Davros Prod./Nelson/ Goldcrest – Sc.: John Boorman – Int.: Sarah Miles, David Hayman, Sebastian Rice-Edwards, Sammi Davis, Geraldine Muir, Derick O'Connor, Susan Wooldridge – Durée: 132 mn.

Hôtel du paradis – 1987 – R.: Jana Bokova – P.C.: Umbrella – Portman Prod./ Film 4/Antenne 2/London Trust (Simon Perry) – Sc.: Jana Bokova – Int.: Fernando Rey, Fabrice Luchini, Berangère Bonvoisin, Marika Rivera, Carola Regnier, Hugues Quester, Lou Castel, Juliet Berto – Durée: 112 mn.

Hullabaloo over Georgie and Bonnie's Pictures – 1978 – R.: James Ivory – P.C.: Merchant/Ivory/LWT – Sc.: Ruth Prawer Jhabvala – Int.: Peggy Ashcroft, Larry Pine, Saeed Jaffrey, Victor Banerjee, Aparna Sen – Durée: 83 mn.

***Human Factor (The)*/La Guerre des otages** – 1979 – R.: Otto Preminger – P.C.: GB/US – O.P. Val Robins, P. Crosfield – Sc.: Tom Stoppard d'après Graham Greene – Int.: Nicol Williamson, Richard Attenborough, Derek Jacobi, John Gielgud, Ann Todd, Angela Forbes – Durée: 114 mn.

I

Ill Fares the Land – 1982 – R.: Bill Bryden – P.C.: Portman Prod. Ltd/Channel 4 (Robert Love) – Comédiens non professionnels et Fulton Mackay, James Grant – Durée: 102 mn.

Imitation Game (The) – 1982 – R.: Richard Eyre – P.C.: BBC – Sc.: Ian McEwan – Int.: Harriet Walter, Bernard Gallagher, Lorna Charles, Gillian Martell, Nicholas Le Prevost – Durée: 95 mn.

Innocent (The) – 1984 – R.: John Mackenzie – P.C.: Tempest Film/TVS/ NFDF – Sc.: Ray Jenkins d'après le roman *The Aura and the Kingfisher* de Tom Hart – Int.: Andrew Hawley, Kate Foster, Tom Bell, Kika Markham, Liam Neeson, Miranda Richardson – Durée: 96 mn.

***Insignificance*/Une nuit de réflexion** – 1985 – R.: Nicolas Roeg – P.C.: Zenith Prod./Recorded Pict. C° (J. Thomas) – Sc.: Terry Johnson d'après sa pièce – Int.: Michael Emil, Theresa Russell, Tony Curtis, Gary Busey – Durée: 109 mn.

Instant Sex – 1979 – R.: Bob Godfrey – CM Animation – Sc.: Bob Godfrey – Durée: 5 mn.

K

***Killing Fields (The)*/La Déchirure** – 1984 – R.: Roland Joffé – P.C.: Enigma/ Goldcrest – Sc.: Bruce Robinson – Int.: Sam Waterson, Doctor Haing S. Ngor, Julian Sands, John Malkovitch, Bill Paterson – Durée: 142 mn.

Kitchen Toto (The) — 1987 — R.: Harry Hook — P.C.: Skreba/Cannon/British Screen/Film Four (Ann Skinner) — Sc.: Harry Hook — Int.: Bob Peck, Phyllis Logan, Edwin Mahinda, Robert Urquhart — Durée: 95 mn.

Krull — 1983 — R.: Peter Yates — P.C.: Columbia — Sc.: Stanford Sherman — Int.: Ken Marshall, Lysette Anthony, Freddy Jones, Francesca Annis, Alun Armstrong — Durée: 121 mn.

Lamb de Colin Gregg.

L

Labyrinth — 1986 — R.: Jim Henson — P.C.: Henson Organisation/Lucasfilm — Sc.: Terry Jones — Int.: David Bowie, Jennifer Connelly, Toby Froud, Shelley Thompson, Christopher Malcolm, Natalie Finland — Durée: 101 mn.

Lady Chatterley's Lover/L'Amant de lady Chatterley — 1981 — R.: Just Jaeckin — P.C.: London Cannon/co-prod. (F) — Sc.: Christopher Wicking, Just Jaeckin d'après D.H. Lawrence — Int.: Sylvia Kristel, Nicholas Clay, Shane Briant, Ann Mitchell — Durée: 104 mn.

Lady Jane — 1985 — R.: Trevor Nunn — P.C.: Paramount — Sc.: David Edgar — Int.: Helena Bonham Carter, Gary Elwes, John Wood, Warren Saire, Jane Lapotaire — Durée: 142 mn.

Lamb — 1985 — R.: Colin Gregg — P.C.: Flickers Prod./Limehouse Pict./ Channel 4 — Sc.: Bernard Mac Laverty d'après son roman — Int.: Liam Neeson, Hugh O'Conor, Ian Bannen, Frances Tomelty, Denis Carey, Harry Towb — Durée: 110 mn.

Last of England (The) – 1987 – R.: Derek Jarman – P.C.: Don Boyd, James Mackay – Sc.: Derek Jarman – Int.: Tilda Swinton, Spencer Leigh, Gay Gaynor, Mathew Hawkins – Durée: 90 mn.

Laughter House – 1984 – R.: Richard Eyre – P.C.: Greenpoint Films/Film Four International (Simon Relph) – Sc.: Brian Glover – Int.: Ian Holm, Penelope Wilton, Bill Owen, Stephen Moore, Richard Hope – Durée: 93 mn.

Licking Hitler – 1977 – R.: David Hare – P.C.: BBC/Birmingham (D. Rose) – Sc.: David Hare – Int.: Kate Nelligan, Bill Paterson, Hugh Fraser, Brenda Fricker – Durée: 64 mn.

Life Force – (US/GB) – 1985 – R.: Tobe Hooper – P.C.: London Cannon Films – Sc.: Dan O'Bannon, Don Jacoby d'après le roman *Space Vampires* de Colin Wilson – Int.: Steve Railsback, Peter Firth, Frank Finlay, Mathilda May – Durée: 101 mn.

Life of Brian (The)/La Vie de Bryan – 1979 – R.: Terry Jones – P.C.: Hand Made Films (G. Harrison, Denis O'Brien, Tarak Ben Amar) – Sc.: Graham Chapman, John Cleese, Terry Gilliam – Int.: Terry Jones, Graham Chapman, Michael Palin, John Cleese, Eric Idle, Terry Gilliam – Durée: 93 mn.

Link – 1985 – R.: Richard Franklin – P.C.: Thorn EMI (Verity Lambert) – Sc.: Everett de Roche – Int.: Elisabeth Sue, Terence Stamp, Steven Pinner, Richard Garnett, David O'Hara, Kevin Lloyd – Durée: 116 mn.

Little Dorrit – 1987 – R.: Christine Edzard – P.C.: Sands Films/Cannon Screen Ent. (J. Brabourne, R. Goodwin) – Sc.: Christine Edzard d'après le roman de Charles Dickens – Int.: Alec Guiness, Derek Jacobi, Sarah Pickering, Joan Greenwood, Cyril Cusack, Max Wall, Eleanor Brown – 1ʳᵉ partie: *Nobody's Fault*, 2ᵉ partie: *Little Dorrit's Story* – Durée: 2× 180 mn.

Living Daylights (The) – 1987 – R.: John Glen – P.C.: A.R. Broccoli, M.G. Wilson – Sc.: Richard Maibaum, Michael G. Wilson – Int.: Timothy Dalton, Maryam d'Abo, Joe Don Baker, Art Malik, Jeroem Krabbe – Durée: 131 mn.

Living on the Edge – 1987 – R.: Michael Grigsby – P.C.: Central Ind. TV – Sc.: John Furse, M. Grigsby – Documentaire – Int.: Frank Rolfe, Chris Summer, Joanne Casey – Durée: 86 mn.

Local Hero – 1983 – R.: Bill Forsyth – P.C.: Enigma/Goldcrest (D. Puttnam) – Sc.: Bill Forsyth – Int.: Burt Lancaster, Peter Riegort, Denis Lawson, Peter Capaldi, Jennifer Black, Jenny Seagrove, Fulton Mackay – Durée: 111 mn.

Lonely Passion of Judith Hearne (The) — 1988 — R.: Jack Clayton — P.C.: Hand Made — Sc.: Peter Nelson d'après le roman de Brian Moore — Int.: Maggie Smith, Bob Hoskins, Wendy Hiller, Marie Kean, Ian McNeice, Prunella Scales — Durée: 116 mn.

Long Good Friday (The) / **Racket** — 1979 — R.: John Mackenzie — P.C.: Black Lion Films (Barry Hanson) — Sc.: Barry Keeffe — Int.: Bob Hoskins, Helen Mirren, Dave King, Eddie Constantine, Derek Thompson — Durée: 114 mn.

Long Shot (The) — 1978 — R., P.: Maurice Hatton — Sc.: Eoin McCann — Int.: Charles Gormley, Neville Smith, Ron Taylor, Wim Wenders, Stephen Frears, Bill Forsyth, John Boorman — Durée: 85 mn.

Looks and Smiles / **Regards et Sourires** — 1981 — R.: Ken Loach — P.C.: Kestrel/ Black Lion/For Central TV (Irving Teitelbaum) — Sc.: Barry Hines — Int.: Graham Green, Carolyn Nicholson, Tony Pitts, Phil Askham, Pam Darrel, Cilla Mason, Arthur Davies — Durée: 104 mn.

Loophole — 1980 — R.: John Quested — P.C.: George A. Walker, Edward D. Simons — Sc.: Jonathan Hales d'après le roman de R. Pollock — Int.: Albert Finney, Martin Sheen, Susannah York, Colin Blakely, Jonathan Pryce — Durée: 105 mn.

Loose Connections — 1983 — R.: Richard Eyre — P.C.: Umbrella/Greenpoint Films/NFFC/Virgin (Simon Perry) — Sc.: Maggie Brooks — Int.: Lindsay Duncan, Stephen Rea, Carole Harrison, Frances Low, Gary Olsen — Durée: 96 mn.

Love Child (The) — 1987 — R.: Robert Smith — P.C.: Frontroom Prod./BFI/ Channel 4 (Angela Topping) — Sc.: Gordon Hann — Int.: Sheila Hancock, Peter Capaldi, Percy Herbert, Lesley Sharp — Durée: 102 mn.

The Mouse and The Woman de Karl Francis.

M

Madame Souzatska – 1988 – R.: John Schlesinger – P.C.: Cineplex Odeon Films (Robin Dalton) – Sc.: Ruth Prawer Jhabvala d'après le roman de Bernice Reubens – Int.: Shirley Mac Laine, Dame Peggy Ashcroft, Shabana Azmi, Navin Chowdhry, Twiggy – Durée: 120 mn.

Maeve – 1981 – R.: Pat Murphy, John Davies – P.C.: BFI/RTE – Sc.: Pat Murphy – Int.: Mary Jackson, Mark Mulholland, Brid Brennan, John Keegan, Trudy Kelly – Durée: 109 mn.

McVicar – 1980 – R.: Tom Clegg – P.C.: The Who Films (R. Baird, B. Curbishley, R. Daltrey) – Sc.: Tom Clegg, John McVicar – Int.: Roger Daltrey, Adam Faith, Georgina Hale, Cheryl Campbell – Durée: 112 mn.

Magic Toyshop (The) – 1986 – R.: David Wheatley – P.C.: Steve Morrison – Sc.: Angela Carter – Int.: Tom Bell, Patricia Kerrigan, Caroline Milmoe, Kilian McKenna, Lorcan Cranitch – Durée: 104 mn.

Mata-Hari — 1984 — R.: Curtis Harrington — P.C.: Cannon Prod. (Rony Yacov) — Sc.: Joel Ziskin — Int.: Sylvia Kristel, Christopher Cazenove, Oliver Tobias, Gaye Brown — Durée: 108 mn.

Maurice — 1987 — R.: James Ivory — P.C.: Merchant/Ivory Prod. — Sc.: Kit Hesketh-Harvey, James Ivory d'après E.M. Forster — Int.: James Wilby, Hugh Grant, Rupert Graves, Simon Callow, Ben Kingsley, Billie Whitelaw, Denholm Elliot — Durée: 130 mn.

Meantime — 1983 — R.: Mike Leigh — P.C.: Central/Mostpoint/Channel 4 — Sc.: Mike Leigh — Int.: Tim Roth, Phil Daniels, Marion Bailey, Pam Ferris, Jeff Robert, Gary Oldman — Durée: 100 mn.

Memed my Hawk — 1984 — R.: Peter Ustinov — P.C.: P.U. Prod./Jadran Films — Sc.: Peter Ustinov d'après Yashar Kemal — Int.: Peter Ustinov, Simon Dutton, Herbert Lom, Leonie Mellinger — Durée: 110 mn.

Memoirs of a Survivor — 1981 — R.: David Gladwell — P.C.: EMI/NFFC (Penny Clark, Michael Medwin) — Sc.: Kerry Crabbe, David Gladwell d'après Doris Lessing — Int.: Julie Christie, Christopher Guard, Leonie Mellinger, Debbie Hutchings — Durée: 115 mn.

Merry Christmas Mr. Lawrence/Furyo — 1982 — R.: Nagisa Oshima — P.C.: Recorded Pict. C°/Cineventure/TV Asahi (Jeremy Thomas) — Sc.: Nagisa Oshima, Paul Mayersberg d'après les histoires de Laurens van der Post — Int.: David Bowie, Tom Conti, Ryuichi Sakamoto, Jack Thompson, Takeshi — Durée: 124 mn.

Mirror Cracked (The)/Le miroir se brisa — 1980 — R.: Guy Hamilton — P.C.: Richard Goodwin/EMI/Warner — Sc.: Jonathan Hales, Barry Sandler d'après le roman d'A. Christie — Int.: Angela Landsbury, Rock Hudson, Elisabeth Taylor, Kim Novak, Geraldine Chaplin — Durée: 105 mn.

Mission (The)/La Mission — 1986 — R.: Roland Joffé — P.C.: Enigma/Goldcrest/Kingsmere Prod. (D. Puttnam, F. Ghia) — Sc.: Robert Bolt — Int.: Robert De Niro, Jeremy Irons, Liam Neeson, Ray McAnally, Daniel Berrigan, Cherie Lunghi, Asuncion Ontiveros — Durée: 125 mn.

Missionary (The)/Drôle de missionnaire — 1981 — R.: Richard Loncraine — P.C.: Hand Made Films — Sc.: Michael Palin — Int.: Michael Palin, Maggie Smith, Trevor Howard, Denholm Elliot, Phoebe Nicholls — Durée: 86 mn.

Moonlighting/Travail au noir — 1982 — R.: Jerzy Skolimowski — P.C.: Michael White/NFDF/Channel 4 — Sc.: Jerzy Skolimowski — Int.: Jeremy Irons, Eugene Lipinski, Jiri Stanislaw, Eugeniusz Haczkiewicz — Durée: 97 mn.

Moonraker – (F/GB) – 1979 – R.: Lewis Gilbert – P.C.: Albert Broccoli – Sc.: Christopher Wood d'après Ian Fleming – Int.: Roger Moore, Michael Lonsdale, Lois Chiles, Corinne Clery – Durée: 126 mn.

Mona Lisa – 1986 – R.: Neil Jordan – P.C.: Hand Made/Palace Prod. (Stephen Woolley, Patrick Cassavetti) – Sc.: Neil Jordan, David Leland – Int.: Bob Hoskins, Cathy Tyson, Michael Caine, Zoe Nathenson, Robbie Coltrane, Kate Hardie, Clarke Peters – Durée: 104 mn.

Monty Python's the Meaning of Life / **Le Sens de la vie** – 1983 – R.: Terry Jones – P.C.: Celandine Films/M.P. – Sc.: Graham Chapman, John Cleese, Terry Gilliam, Eric Idle, Terry Jones, Michael Palin – Int.: Graham Chapman, John Cleese, Terry Gilliam, Eric Idle, Terry Jones, Michael Palin – Durée: 90 mn.

Morons from Outer Space / **Les Débiles de l'espace** – 1985 – R.: Mike Hodges – P.C.: Thorn/EMI (Barry Hanson) – Sc.: Griff Rhys Jones, Mel Smith, Bob Mercer – Int.: Mel Smith, Griff Rhys Jones, Joanne Pearce, Paul Bown, James B. Sikking – Durée: 90 mn.

Mouse and the Woman (The) – 1980 – R.: Karl Francis – P.C.: Alvicar Films – Sc.: Vincent Kane, Karl Francis d'après Dylan Thomas – Int.: Dafydd Hywel, Karen Archer, Alan Devlin, Bieti Jones – Durée: 105 mn.

Mr. Love – 1985 – R.: Roy Battersby – P.C.: Enigma/Warner/Goldcrest (David Puttnam) – Sc.: Kenneth Eastaugh – Int.: Barry Jackson, Maurice Denham, Linda Marlow, Christina Collier, Marcia Warren, Julia Deakin, Margaret Tyzack, Helen Cotterill – Durée: 91 mn.

Mr. Pascal – 1979 – R., Sc.: Alison de Vere – Court métrage animation – Durée: 7 mn 30.

Muppet Movie (The) / **Les Muppets, ça c'est du cinéma!** – 1979 – R.: James Frawley – P.C.: Jim Henson/ITC – Sc.: Jerry Juhl, Jack Burns – Durée: 97 mn.

My Beautiful Laundrette – 1985 – R.: Stephen Frears – P.C.: Working Title/SAF Prod./Channel 4 (Sarah Radclyffe, Tim Bevan) – Sc.: Hanif Kureishi – Int.: Daniel Day Lewis, Gordon Warnecke, Saeed Jaffrey, Roshan Seth, Derrick Branche, Rita Wolf – Durée: 97 mn.

John Hurt dans *1984* de Michael Radford.

N

Nanou – 1986 – R.: Conny Templeman – P.C.: Umbrella/Caulfield Films (Londres)/Arion Prod. (Paris)/NFFC/CNC (Simon Perry) – Sc.: Conny Templeman, Antoine Lacomblez – Int.: Imogen Stubbs, Jean-Philippe Ecoffey, Daniel Day Lewis, Lou Castel, Roger Ibanez, Christophe Lidon – Durée: 110 mn.

Nature of the Beast (The) – 1988 – R.: Franco Rosso – P.C.: Film Four Int./British Screen (Joanna Smith) – Sc.: Janni Howker – Int.: Lynton Dearden, Paul Simpson, Tony Melody – Durée: 95 mn.

***Never Say Never Again*/Jamais plus jamais** – 1983 – R.: Irvin Kershner – P.C.: Woodcote/Taliafilm & Partners – Sc.: Lorenzo Semple Jr. – Int.: Sean Connery, Klaus Maria Brandauer, Max von Sydow, Kim Basinger, Edward Fox – Durée: 134 mn.

Nighthawks – 1978 – R., Prod., Sc.: Ron Peck, Paul Hallam – Int.: Ken Robertson, Rachel Nicholas James, Tony Westrope – Durée: 113 mn.

***Nineteen Eighty Four*/1984** — 1984 — R.: Michael Radford — P.C.: Umbrella Prod./Virgin (Simon Perry) — Sc.: Michael Radford, Jonathan Gems d'après le roman de G. Orwell — Int.: John Hurt, Richard Burton, Suzanna Hamilton, Cyril Cusack — Durée: 110 mn.

***Nineteen Nineteen*/1919** — 1984 — R.: Hugh Brody — P.C.: BFI-PB/Channel 4 — Sc.: Hugh Brody, Michael Ignatieff — Int.: Paul Scofield, Maria Schell, Sandra Berkin, Diana Quick — Durée: 99 mn.

Nocturna Artificialia — 1979 — R.: Stephen et Timothy Quaij — P.C.: BFI (K. Griffiths) — Sc.: Stephen et Timothy Quaij — Court métrage animation — Durée: 21 mn.

No Surrender — 1985 — R.: Peter Smith — P.C.: No Surrender Films/Dumbarton/NFFC/Film 4 (Mamoun Hassan) — Sc.: Alan Bleasdale — Int.: Michael Angelis, Bernard Hill, Joanne Whalley, Vinee Earl, Ray McAnally, Mark Mulholland, Elvis Costello — Durée: 104 mn.

Not Quite Jerusalem — 1984 — R.: Lewis Gilbert — P.C.: Giled Prod./Acorn Pict. Prod. — Sc.: Paul Kember d'après sa pièce — Int.: Sam Robards, Todd Graff, Kevin McNally, Joanna Pacula, Bernard Strother — Durée: 114 mn.

Number One — 1984 — R.: Les Blair — P.C.: Videoform Pict./Stageforum Prod. — Sc.: G.F. Newman — Int.: Bob Geldof, Mel Smith, Alison Steadman, P.H. Moriarty, Phil Daniels, Alfred Molina, Ian Dury — Durée: 106 mn.

O

Octopussy — 1983 — R.: John Glen — P.C.: Eon Prod. (A. Broccoli) — Sc.: George MacDonald Fraser, Richard Maibaum, Michael G. Wilson — Int.: Roger Moore, Maud Adams, Louis Jourdan, Kristina Wayborn, Steven Berkoff — Durée: 131 mn.

Oliver Twist — 1982 — R.: Clive Donner — P.C.: Claridge Group/Grafton For Trident Television — Sc.: James Goldman d'après Charles Dickens — Int.: George Scott, Tim Curry, Michael Hordern, Timothy West, Richard Charles, Cherie Lunghi — Durée: 102 mn.

On the Black Hill — 1987 — R.: Andrew Grieve — P.C.: BFI/British Screen/Film 4 (Jennifer Howarth) — Sc.: Andrew Grieve d'après le roman de Bruce Chatwin — Int.: Bob Peck, Gemma Jones, Mike Gwilym, Robert Gwilym — Durée: 117 mn.

Ordeal by Innocence — 1984 — R.: Desmond Davies — P.C.: London Cannon Films (Jenny Craven) — Sc.: Alexander Stuart d'après Agatha Christie — Int.: Donald Sutherland, Faye Dunaway, Christopher Plummer, Sarah Miles, Annette Crosbie, Billy McColl — Durée: 88 mn.

Outcasts (The) — (Eire) — 1982 — R.: Robert Wynne-Simmons — P.C.: Tolmyax C°/Arts Council of Ireland/Channel 4 — Sc.: R. Wynne-Simmons — Int.: Mary Ryan, Mick Lally, Don Folley, Tom Jordan, Cyril Cusack, Brenda Scallon — Durée: 104 mn.

Outland — (Eire/US) — 1981 — R.: Peter Hyams — P.C.: The Ladd C° (Richard A. Roth) — Sc.: Peter Hyams — Int.: Sean Connery, Peter Boyle, Kika Markham, Frances Sternhagen — Durée: 109 mn.

Outside In — 1981 — R.: Steve Dwoskin — P.C.: S. Dwoskin/ZDF/Film International Rotterdam — Sc.: Steve Dwoskin — Int.: Claudia Boulton, Olimpia Carlisi, Suzie Crowley — Durée: 115 mn.

Prostitute de Tony Garnett.

P

Parker — 1984 — R.: Jim Goddard — P.C.: Moving Picture C° Films (Nigel Stafford-Clark) — Sc.: Trevor Preston — Int.: Bryan Brown, Cherie Lunghi, Kurt Raab, Gwyneth Strong, Simon Rouse, Bob Peck — Durée: 97 mn.

Paris by Night — 1988 — R.: David Hare — P.C.: Greenpoint Films (Patrick Cassavetti) — Sc.: D. Hare — Int.: Charlotte Rampling, Michael Gambon, Iain Glen — Durée: 105 mn.

Pascali's Island — 1988 — R.: James Dearden — P.C.: Initial Film (Eric Fellner) — Sc.: J. Dearden — Int.: Charles Dance, Ben Kingsley, Helen Mirren — Durée: 103 mn.

Passion of Remembrance (The) — 1986 — R.: Maureen Blackwood, Isaac Julien — P.C.: Sankofa Film/Video Collective/Channel 4 — Sc.: Maureen Blackwood, Isaac Julien — Int.: Anni Domingo, Joseph Charles, Antonia Thomas, Ram John Holder, Carlton Chance, Gary McDonald — Durée: 82 mn.

Personal Services — 1986 — R.: Terry Jones — P.C.: Zenith/British Screen (Tim Bevan) — Sc.: David Leland — Int.: Julie Walters, Alec McCowen, Danny Schiller, Shirley Stelfox, Alan Bowyer, David Leland — Durée: 105 mn.

Phoelix — 1979 — R.: Anna Ambrose — P.C.: BFI — Sc.: Anna Ambrose — Int.: Angela Coles, Philip Beaumont, Amber Teran — Durée: 47 mn.

Pigs — (Eire) — 1984 — R.: Cathal Black — P.C.: Samson Films/Arts Council Ireland — Sc.: Jimmy Brennan — Int.: Jimmy Brennan, Liam Halligan, Kwesi Kay, Maurice O'Donoghue, Joan Harpur — Durée: 79 mn.

Ping Pong — 1986 — R.: Po Chih Leong — P.C.: Film 4/Picture Palace Prod. (Malcolm Craddock, Michael Guest) — Sc.: Jerry Liu — Int.: David Yip, Lucy Sheen, Robert Lee, Lam Fung, Ric Young, Barbara Yu Ling — Durée: 100 mn.

Pink Floyd the Wall — 1982 — R.: Alan Parker — P.C.: Tin Blue/Goldcrest/MGM (Alan Marshall) — Sc.: Roger Waters d'après l'album « The Wall » — Int.: Bob Geldof, Christine Hargreaves, Bob Hoskins, James Laurenson — Durée: 95 mn.

Playing Away — 1986 — R.: Horace Ové — P.C.: Insight Prod./Film 4 — Sc.: Caryl Phillips — Int.: Norman Beaton, Robert Urquhart, Helen Lindsay, Nicholas Farrell, Brian Bovell, Gary Beadle — Durée: 100 mn.

Ploughman's Lunch (The)/Guerres froides — 1983 — R.: Richard Eyre — P.C.: Greenpoint Films/A.C. & D./Goldcrest (Simon Relph) — Sc.: Ian McEwan — Int.: Jonathan Pryce, Tim Curry, Rosemary Harris, Charlie Dore, Frank Finlay — Durée: 107 mn.

Prick Up Your Ears — 1987 — R.: Stephen Frears — P.C.: Civilhand/Zenith/Film 4/British Screen (Andrew Brown) — Sc.: Alan Bennett d'après le livre de John Lahr — Int.: Gary Oldman, Alfred Molina, Vanessa Redgrave, Wallace Shawn, Lindsay Duncan, Julie Walters, Frances Barber — Durée: 110 mn.

Priest of Love — 1980 — R.: Christopher Miles — P.C.: C. Miles, Andrew Donally — Sc.: Alan Plater d'après la biographie de D.H. Lawrence par Harry T. Moore — Int.: Ian McKellen, Janet Suzman, Ava Gardner, Penelope Keith, John Gielgud — Durée: 125 mn.

Privates on Parade — 1982 — R.: Michael Blakemore — P.C.: Hand Made — Sc.: Peter Nichols d'après sa pièce — Int.: John Cleese, Denis Quilley, Nicola Pagett, Joe Melia, David Bamber — Durée: 113 mn.

Prostitute/**La Prostituée** – 1980 – R.: Tony Garnett – P.C.: Tony Garnett/ Kestrel Films – Sc.: Tony Garnett – Int.: Eleanor Forsythe, Nancy Samuels, Kate Crutchley, Colin Hindley – Durée: 98 mn.

P'tang, Yang, Kipperbang – 1982 – R.: Michael Apted – P.C.: Enigma TV/Gold-crest/Channel 4 (David Puttnam) – Sc.: Jack Rosenthal – Int.: John Albasiny, Abigail Cruttenden, Alison Steadman, Maurice Dee, Garry Cooper – Durée: 80 mn.

Q

Quadrophenia – 1979 – R.: Franc Roddam – P.C.: The Who Films/Polytel/ R. Daltrey – Sc.: Dave Humphreys, Martin Stellman, Franc Roddam – Int.: Phil Daniels, Leslie Ash, Sting, Mark Wingett – Durée: 120 mn.

Quartet – 1981 – R.: James Ivory – P.C.: Merchant-Ivory/Lyric Int. (Paris) – Sc.: Ruth Prawer Jhabvala d'après le roman de Jean Rhys – Int.: Isabelle Adjani, Maggie Smith, Alan Bates, Anthony Higgins, Daniel Mesguich – Durée: 101 mn.

Radio On de Christopher Petit.

R

Radio On – 1979 – R.: Christopher Petit – P.C.: BFI/Roadmovies Berlin (Peter Sainsbury, R. Gundelach) – Sc.: Chris Petit – Int.: David Beams, Lisa Kreuzer, Sandy Ratcliff, Sting – Durée: 102 mn.

Raggedy Rawney (The) – 1988 – R.: Bob Hoskins – P.C.: Hand Made (Bob Weis) – Sc.: B. Hoskins, Nicole De Wilde – Int.: Bob Hoskins, Dewter Fletcher, Zoe Mathenson – Durée: 106 mn.

Reefer and the Model – (Eire) – 1988 – R.: Joe Comerford – P.C.: Berber Films Prod. (Lelia Doolan) – Sc.: J. Comerford – Int.: Ian McElhinney, Carol Scanlan, Sean Lawlor, Ray McBride – Durée: 93 min.

Reflections – 1983 – R.: Kevin Billington – P.C.: Court House Films/Channel 4 – Sc.: John Banville – Int.: Gabriel Byrne, Donald McCann, Fionnula Flanagan, Harriet Walter – Durée: 100 mn.

Remembrance – 1982 – R.: Colin Gregg – P.C.: Colin Gregg Prod./Channel 4/ NFDF – Sc.: Hugh Stoddart – Int.: John Altman, Al Ashton, Martin Barrass, Nick Dunning, Peter Lee-Wilson, David John, Gary Oldman – Durée: 117 mn.

Restless Natives – 1985 – R.: Michael Hoffman – P.C.: Oxford Film C°/Thorn EMI – Sc.: Ninian Dunnett – Int.: Vincent Friell, Joe Mullaney, Teri Lally, Robert Urquhart, Rachel Boyd, Ned Beatty – Durée: 89 mn.

Return of the Soldier (The) – 1982 – R.: Alan Bridges – P.C.: Brent Walker/ Barry Cooper/Skreba Films (Ann Skinner, Simon Relph) – Sc.: Hugh Whitemore d'après Rebecca West – Int.: Alan Bates, Ann-Margret, Glenda Jackson, Julie Christie, Jeremy Kemp, Frank Finlay – Durée: 102 mn.

Revolution – 1985 – R.: Hugh Hudson – P.C.: Goldcrest/Viking (Chris Burt) – Sc.: Robert Dillon – Int.: Al Pacino, Joan Plowright, Donald Sutherland, Nastassja Kinski, Dexter Fletcher, Rebecca Calder – Durée: 125 mn.

Rita Sue and Bob Too! – 1987 – R.: Alan Clarke – P.C.: O. Lowenstein Prod./ Film 4/Umbrella Entert Prod./British Screen (S. Lieberson/P. Pollock) – Sc.: Andrea Dunbar – Int.: George Costigan, Siobhan Finneran, Michelle Holmes, Willie Ross, Patti Nichols, Lesley Sharp – Durée: 92 mn.

Rocinante – 1986 – R.: Ann et Eduardo Guedes – P.C.: Cinema Action/ Channel 4 – Sc.: Ann et Eduardo Guedes – Int.: John Hurt, Ian Dury, Maureen Douglass, Carol Gillies, David Trevena – Durée: 93 mn.

Rough Cut and Ready Dubbed – 1982 – R.: Hasan Shah, Dom Shaw – P.C.: Forum Youth Films/BFI-PB/GLC Arts Association – Documentaire – Durée: 56 mn.

Rude Boy – 1980 – R.: Jack Hazan, David Mingay – P.C.: Buzzy Entr./Jack Hazan, David Mingay – Sc.: Jack Hazan, David Mingay, Ray Gange – Int.: Ray Gange, Joe Strummer, Mick Jones, Paul Simonon, Nick Headon – Durée: 133 mn.

Runners – 1983 – R.: Charles Sturridge – P.C.: Hanstoll Enterprises/Gold-crest – Sc.: Stephen Poliakoff – Int.: James Fox, Kate Hardie, Jane Asher, Eileen O'Brien, Ruti Simon – Durée: 106 mn.

Sid and Nancy d'Alex Cox.

S

Saigon Year of the Cat — 1983 — R.: Stephen Frears — P.C.: Thames TV — Sc.: David Hare — Int.: Judi Dench, Frederic Forrest, E.G. Marshall, Roger Rees, Wallace Shawn — Durée: 100 mn.

Salome's Last Dance — 1988 — R.: Ken Russell — P.C.: Vesstron Pictures, Robert Littman (Penny Corke) — Sc.: Ken Russel — Int.: Glenda Jackson, Stratford Johns, Imogen Millais Scott, Nicholas Grace — Durée: 89 mn.

Sammy and Rosie Get Laid* / *Sammy et Rosie s'envoient en l'air — 1987 — R.: Stephen Frears — P.C.: Working Title Prod./Channel 4 — Sc.: Hanif Kureishi — Int.: Sashi Kapoor, Ayub Khan Din, Frances Barber, Claire Bloom, Roland Gift, Wendy Gazelle — Durée: 100 mn.

Santa Claus — 1985 — R.: Jeannot Szwarc — P.C.: A and I Salkind Prod. — Sc.: David et Leslie Newman — Int.: Dudley Moore, Judy Cornwell, Burgess Meredith, Anthony O'Donnell, David Huddleston, John Lightgow — Durée: 108 mn.

Scrubbers – 1982 – R.: Mai Zetterling – P.C.: Don Boyd/Hand Made – Sc.: Roy Minton, Jeremy Watt, Mai Zetterling – Int.: Amanda York, Chrissie Cotterill, Elizabeth Edmonds, Kate Ingram – Durée: 90 mn.

Scum – 1979 – R.: Alan Clarke – P.C.: Berwick St. Films (Michael Relph, Clive Parsons, Don Boyd) – Sc.: Roy Minton – Int.: Ray Winstone, Mick Ford, John Blundell, John Judd – Durée: 97 mn.

***Sea Coal/*Charbon de mer** – 1985 – R.: Murray Martin – P.C.: Amber Films/ Channel 4/Northern Arts – Sc.: Tom Hadaway et The Amber Films Team – Int.: Amber Styles, Corrina Stubbs, Ray Stubbs, Tom Hadaway, Murray Martin – Durée: 82 mn.

Secret Places – 1984 – R.: Zelda Barron – P.C.: Skreba-Virgin Prod./NFFC (Simon Relph, Ann Skinner) – Sc.: Zelda Barron d'après de roman de Janice Elliott – Int.: Marie-Theres Relin, Tara MacGowran, Ann-Marie Gwatkin, Claudine Auger, Klaus Barner, Adam Richardson, Sylvia Coleridge – Durée: 98 mn.

Shadey – 1985 – R.: Philip Saville – P.C.: Larkspur Films/Film 4 – Sc.: Snoo Wilson – Int.: Anthony Sher, Patrick Macnee, Leslie Ash, Billie Whitelaw, Katherine Helmond, Larry Lamb – Durée: 106 mn.

Shag – 1987 – R.: Zelda Barron – P.C.: Palace Pictures (Stephen Woolley et Julia Chasman) – Sc.: Robin Swicord, Lanier Laney, Terry Sweeney – Int.: Phoebe Cates, Bridget Fonda, Annabeth Gish, Robert Rusler, Tyrone Power Jr. – Durée: 96 mn.

Shanghai Surprise – 1986 – R.: Jim Goddard – P.C.: Hand Made/Vista Organisation – Sc.: John Kohn, Robert Bentley d'après le roman de Tony Kenrick *Faraday's Flowers* – Int.: Madonna, Sean Penn, Paul Freeman, Richard Griffiths, George She, Kay Tong Lim – Durée: 97 mn.

She'll Be Wearing Pink Pyjamas – 1984 – R.: John Goldschmidt – P.C.: Pink Pyjama Prod./Film Four – Sc.: Eva Hardy – Int.: Julie Walters, Anthony Higgins, Jane Evers, Janet Henfrey, Paula Jacobs, Jane Wood, Penelope Nice – Durée: 90 mn.

Sherlock and Me – 1988 – R.: Thom Eberhardt – P.C.: ITC Prod. (Marc Stirdivant) – Sc.: Larry Strawther, Gary Murphy – Int.: Michael Caine, Ben Kingsley, Lysette Anthony – Durée: 100 mn.

Shining (The) – 1980 – R., Prod.: Stanley Kubrick – Sc.: Stanley Kubrick, Diane Johnson d'après le roman de Stephen King – Int.: Jack Nicholson, Shelley Duval, Danny Lloyd, Scatman Crothers, Philip Stone – Durée: 146 mn.

Shooting Party (The)/La Partie de chasse — 1984 — R.: Alan Bridges — P.C.: Geoff Reeve Film & TV — Sc.: Julian Bond d'après un roman d'Isabel Colegate — Int.: James Mason, Edward Fox, John Gielgud, Rupert Frazer, Judi Bowker, Rebecca Saire, Robert Hardy, Gordon Jackson — Durée: 96 mn.

Sid and Nancy — 1986 — R.: Alex Cox — P.C.: Zenith/Initial Pict. (Eric Fellner) — Sc.: Alex Cox, Abbe Wool — Int.: Gary Oldman, Chloe Webb, Andrew Schofield, Stuart Fox, Xander Berkeley — Durée: 114 mn.

Silent Cry (The) — 1977 — R.: Steve Dwoskin — P.C.: Steve Dwoskin/ZDF/INA — Sc.: Steve Dwoskin, Bobby Gill — Int.: Ernst Brightmore, Bobby Gill, Harry Waistnage, Mary Rose — Durée: 98 mn.

Slayground — 1983 — R.: Terry Bedford — P.C.: EMI-FP/Thorn EMI — Sc.: Trevor Preston d'après le roman de Richard Stark — Int.: Peter Coyote, Mel Smith, Billie Whitelaw, Bill Luhrs, David Hayward — Durée: 89 mn.

Snowman (The) — 1983 — R.: Dianne Jackson — P.C.: John Coates/Channel 4 — Court métrage animation d'après le livre de Raymond Briggs — Durée: 26 mn.

Song of the Shirt (The) — 1979 — R.: Susan Clayton, Jonathan Curling — P.C.: Royal College of Art/Arts Council of GB/BFI — Sc.: Susan Clayton, Jonathan Curling — Acteurs non professionnels — Durée: 135 mn.

SOS Titanic — 1979 — R.: Billy Hale — P.C.: Roger Gimbel/EMI Films — Sc.: James Costigan — Int.: Harry Andrews, David Janssen, Helen Mirren, Ian Holm, David Warner, Suzan Saint James — Durée: 102 mn.

Sour Sweet — 1988 — R.: Mike Newell — P.C.: First Film C° (Roger Randall-Cutler) — Sc.: Ian McEwan — Int.: Sylvia Chang, Danny Dunn, Jodi Long — Durée: 110 mn.

Souvenir — 1988 — R.: Geoffrey Reeve — P.C.: Fancyfree Prod. — Sc.: Paul Wheeler — Int.: Christopher Plummer, Catherine Hicks, Michael Lonsdale, Christopher Cazenove — Durée: 93 mn.

Soweto — 1988 — R.: Michael Raeburn — P.C.: S. & S. Prod. (Ram Sadvani et Kumdam Sadarangani) — Sc.: M. Raeburn — Int.: Dembisa Kente, Sam Williams, Sophie MgCina — Durée: 120 mn.

Stars and Bars — 1988 — R.: Pat O'Connor — P.C.: Columbia (Sandy Lieberson) — Sc.: William Boyd, d'après son roman — Int.: Daniel Day-Lewis, Harry Dean Stanton, Joan Cusack, Maury Chaykin, Martha Plimpton — Durée: 94 mn.

Stealing Heaven – 1988 – R.: Clive Donner – P.C.: Amy Int. Prod. (Simon McCorkindale, Andros Epaminondas) – Sc.: Chris Bryant, d'après le roman de Marion Meade – Int.: Derek de Lint, Kim Thomson, Denholm Elliot – Durée: 115 mn.

Steaming – 1984 – R.: Joseph Losey – P.C.: World Film Services – Sc.: Patricia Losey d'après la pièce de Nell Dunn – Int.: Vanessa Redgrave, Sarah Miles, Diana Dors, Patti Love, Brenda Bruce, Felicity Dean, Sally Sagoe, Anna Tzelniker – Durée: 95 mn.

Stormy Monday – 1988 – R.: Mike Figgis – P.C.: Moving Pictures C° (Nigel Stafford-Clark) – Sc.: Mike Figgis – Int.: Sting, Melanie Griffith, Tommy Lee Jones, Sean Bean – Durée: 92 mn.

Straight to Hell – 1986 – R.: Alex Cox – P.C.: Island Pict./Initial Pict. (E. Fellner) – Sc.: Dick Rude, Alex Cox – Int.: Dick Rude, Sy Richardson, Joe Stummer, Courtney Love, Shane MacGowan, Bill Yeager, Terry Woods – Durée: 86 mn.

Street of Crocodiles – 1986 – R.: Brothers Quay – P.C.: BFI Prod. – Sc.: Bros Quay d'après Bruno Schulz – Court métrage animation – Durée: 20 mn.

Success is the Best Revenge/Le Succès à tout prix – 1984 – R.: Jerzy Skolimowski – P.C.: De Vere Studio (Londres)/Gaumont (Paris) (Jerzy Skolimowski) – Sc.: Jerzy Skolimowski – Int.: Michael York, Joanna Szczerbic, Michael Lyndon, Michel Piccoli, John Hurt, Anouk Aimée – Durée: 91 mn.

Supergirl – 1984 – R.: Jeannot Szwarc – P.C.: Artistry Ltd/Cantharus Prod. – Sc.: David Odell – Int.: Faye Dunaway, Helen Slater, Peter O'Toole, Mia Farrow – Durée: 124 mn.

Supergrass (The) – 1985 – R.: Peter Richardson – P.C.: Michael White Ltd (Elaine Taylor) – Sc.: Peter Richardson, Pete Richens – Int.: Adrian Edmondson, Jennifer Saunders, Peter Richardson, Ronald Allen, Alexei Sayle, Robbie Coltrane, Danny Peacock – Durée: 107 mn.

Superman – 1978 – R.: Richard Donner – P.C.: Ilya Salkind – Sc.: Mario Puzo, David Newman, Leslie Newman, Robert Benton – Int.: Christopher Reeves, Margot Kidder, Gene Hackman, Valérie Perrine – Durée: 143 mn.

Superman II – 1980 – R.: Richard Lester – P.C.: Ilya Salkind – Sc.: Mario Puzo, David Newman, Leslie Newman – Int.: Christopher Reeves, Gene Hackman, Margot Kidder, Ned Beatty, Jackie Cooper, Valerie Perrine – Durée: 127 mn.

T

The Tempest – 1979 – R.: Derek Jarman – P.C.: Don Boyd – Sc.: Derek Jarman d'après Shakespeare – Int.: Heathcote Williams, Karl Johnson, Toyah Willcox, Jack Birkett, David Meyer – Durée: 95 mn.

Tess – 1979 – R.: Roman Polanski – P.C.: Renn Prod. (Paris)/Burill Prod. (Londres)/SFP – Sc.: Gérard Brach, John Brownjohn, Roman Polanski d'après Thomas Hardy – Int.: Nastassja Kinski, Peter Firth, Leigh Lawson, John Collin – Durée: 172 mn.

That Sinking Feeling – 1979 – R., Prod., Sc.: Bill Forsyth – Int.: Tom Mannion, Eddie Burt, Richard Demarco, Anne Graham – Durée: 92 mn.

Those Glory Glory Days – 1983 – R.: Philip Saville – P.C.: Enigma TV/Goldcrest/Channel 4 (David Puttnam) – Sc.: Julie Welch – Int.: Zoe Nathenson, Sara Sugarman, Julia McKenzie – Durée: 90 mn.

Time Bandits/**Bandits, bandits** – 1981 – R.: Terry Gilliam – P.C.: Hand Made Film (Terry Gilliam) – Sc.: Michael Palin, Terry Gilliam – Int.: John Cleese, Sean Connery, Shelley Duvall, Ian Holm, Michael Palin, Ralph Richardson, David Warner – Durée: 113 mn.

Track 29 – 1988 – R.: Nicolas Roeg – P.C.: Hand Made (Rock McCallum) – Sc.: Dennis Potter – Int.: Theresa Russell, Gary Oldman, Christopher Lloyd, Colleen Camp – Durée: 91 mn.

Trail of the Pink Panther/**A la recherche de la panthère rose** – 1982 – R.: Blake Edwards – P.C.: Lakeline Prod. for MGM – Sc.: Frank Waldman, Tom Waldman, Blake Edwards, Geoffrey Edwards – Int.: Peter Sellers, David Niven, Herbert Lom, Richard Mulligan, Joanna Lumley, Colin Blakely – Durée: 96 mn.

Travellers – 1981 – R.: Joe Comerford – P.C.: BFI-PB/RTE/Irish Arts Council – Sc.: Neil Jordan – Int.: Judy Donovan, Davy Spillane, Alan Devlin, Johnny Choil Mhaidhc – Durée: 80 mn.

Tree of Hands – 1988 – R.: Giles Foster – P.C.: Greenpoint Film (Ann Scott) – Sc.: Gordon Williams, d'après le roman de Ruth Rendell – Int.: Helen Shaver, Lauren Bacall, Peter Firth, Paul McGann – Durée: 99 mn.

Turtle Diary – 1985 – R.: John Irvin – P.C.: United British Artists/Britannic Prod./CBS Theat. Films (Richars Johnson) – Sc.: Harold Pinter d'après le roman de Russell Hoban – Int.: Ben Kingsley, Glenda Jackson, Michael Gambon, Harriet Walter, Joroen Krabbe, Eleanor Bron – Durée: 96 mn.

V

Victor Victoria – 1982 – R.: Blake Edwards – P.C.: Peerford/Artista Management/Ladbroke Entertainments – Sc.: Blake Edwards, d'après le film (UFA) de Rheinhöld Schuenzel (1933) – Int.: Julie Andrews, James Garner, Robert Preston, Lesley Ann Warren – Durée: 134 mn.

Vroom – 1988 – R.: Beeban Kidron – P.C.: Film 4/Motion Pictures/British Screen (Paul Lister, Raymond Day) – Sc.: Jim Cartwright – Int.: Clive Owen, Diana Quick, David Thewlis – Durée: 88 mn.

What Can I Do With a Male Nude de Ron Peck.

W

Walker − 1988 − R.: Alex Cox − P.C.: E. Fellner/E. Pressman − Sc.: Rudy Wurlitzer − Int.: Ed Harris, John Glenn, Marlee Matlin.

Water − 1985 − R.: Dick Clement − P.C.: Hand Made − Sc.: Dick Clement, Bill Persky, Ian La Fresnais − Int.: Michael Caine, Brenda Vaccaro, Billy Connolly, Valérie Perrine, Leonard Rossiter, George Harrison − Durée: 97 mn.

We Think the World of You − 1988 − R.: Colin Gregg − P.C.: British Screen/Film Four/Cinecom/Gold Screen (Tomasso Jandelli, Paul Cowan) − Sc.: Hugh Stoddart, d'après le livre de J.R. Ackerley − Int.: Alan Bates, Gary Oldman, Frances Barber, Liz Smith, Max Wall − Durée: 91 mn.

Wetherby – 1985 – R.: David Hare – P.C.: Greenpoint/Film Four/Zenith (Simon Relph) – Sc.: David Hare – Int.: Vanessa Redgrave, Ian Holm, Judi Dench, Marjorie Yates, Tom Wilkinson, Robert Hines, Tim McInnery, Suzanna Hamilton – Durée: 102 mn.

What Can I Do With a Male Nude? – 1985 – R.: Ron Peck – P.C.: Greater London Arts Ass./BFI Prod. – Sc.: Ron Peck – Int.: John Levitt, John Brown – Durée: 25 mn.

When the Wind Blows – 1986 – R.: Jimmy Murakami – P.C.: Meltdown/British Screen/Film 4/TVC London/Penguin Books (John Coates) – Sc.: Raymond Briggs d'après son histoire – Long métrage animation – Durée: 84 mn.

Whistle Blower (The) – 1986 – R.: Simon Langton – P.C.: Portreeve Prod. (Geoffrey Reeve) – Sc.: Julian Bond d'après le roman de John Hale – Int.: Michael Caine, James Fox, Nigel Havers, John Gielgud, Barry Foster, Felicity Dean – Durée: 104 mn.

Wicked Lady (The) – 1983 – R.: Michael Winner – P.C.: Cannon – Sc.: Leslie Arliss, Michael Winner d'après le film Gainsborough de 1945 – Int.: Faye Dunaway, Alan Bates, John Gielgud, Denholm Elliott, Prunella Scales, Oliver Tobias – Durée: 99 mn.

Wildcats of St. Trinian's (The) – 1980 – R.: Frank Launder – P.C.: E.M. Smedley-Aston – Sc.: Frank Launder d'après Ronald Searle – Int.: Sheila Hancock, Michael Hordern, Joe Melia, Thorley Walters, Rodney Bewes – Durée: 91 mn.

Wild Geese II – 1985 – R.: Peter Hunt – P.C.: Frontier Film Prod./Thorn EMI – Sc.: Reginald Rose – Int.: Scott Glenn, Barbara Carrera, Edward Fox, Laurence Olivier, Kenneth Haigh, Robert Freitag – Durée: 125 mn.

Wings of Death – 1985 – R.: Nichola Bruce, Michael Coulson – P.C.: BFI Prod. – Sc.: N. Bruce, M. Coulson – Int.: Dexter Fletcher, Kate Hardie, Tony Haygarth, Paula Jacobs – Durée: 21 mn.

Wish You Were Here/Too Much – 1987 – R.: David Leland – P.C.: Zenith/Working Title/Film 4 (Sarah Radclyffe) – Sc.: David Leland – Int.: Emily Lloyd, Tom Bell, Jesse Birdsall, Geoffrey Durham, Pat Heywood, Geoffrey Hutchings – Durée: 92 mn.

Withnail and I – 1986 – R.: Bruce Robinson – P.C.: Hand Made (Paul Heller) – Sc.: Bruce Robinson – Int.: Paul McGann, Richard E. Grant, Richard Griffiths, Ralph Brown – Durée: 104 mn.

***White Mischief/*La Route de Nairobi** — 1988 — R.: Michael Radford — P.C.: White Umbrella Films (Michael White/Simon Perry) — Sc.: Jonathan Gems, M. Radford d'après James Fox — Int.: Greta Scacchi, Charles Dance, Joss Ackland, Sarah Miles, John Hurt, Trevor Howard, Geraldine Chaplin.

Wolves of Willoughby Chase (The) — 1988 — R.: Stuart Orme — P.C.: Zenith Prod. (Mark Forstater) — Sc.: William M. Akers, d'après le livre de Joan Aiken — Int.: Stephanie Beecham, Mel Smith, Geraldine James, Emily Hudson, Jonathan Coy, Richard O'Brien, Alex Darowska — Durée: 99 mn.

Woman Who Married Clark Gable (The) — (Eire/GB) — 1985 — R.: Thaddeus O'Sullivan — P.C.: Brook Films (Dublin)/Set 2 (Londres) — Sc.: Andrew Pattman d'après Sean O'Faolain — Int.: Bob Hoskins, Brenda Fricker, Peter Caffery, Eamon Kelly — Durée: 29 mn.

Y

Yanks — (US/GB) — 1979 — R.: John Schlesinger — P.C.: Joseph Janni/Lester Persky pour United Artists — Sc.: Colin Welland — Int.: Vanessa Redgrave, Lisa Heichhorn, Rachel Roberts, Richard Gere, William Devane — Durée: 141 mn.

Yentl — (US/GB) — 1983 — R.: Barbara Streisand — P.C.: Ladbroke Ent[ts]/Barwood Films/MGM-UA — Sc.: Jack Rosenthal, Barbara Streisand d'après I.B. Singer — Int.: Barbara Streisand, Mandy Patinkin, Allan Corduner, David de Keyser, Steven Hill — Durée: 133 mn.

Z

Zina — 1985 — R.: Ken McMullen — P.C.: TSI/Palan Entertainments/Film Four/ZDF — Sc.: Terry James, K. McMullen — Int.: Domiziane Giordano, Ian McKellen, Philip Madoc, Tusse Silberg, Paul Geoffrey — Durée: 90 mn.

Andrea Ferreol, Eric et Brian Deacon dans *A Zed and Two Noughts* de Peter Greenaway.

ACCLAIMED BY **ALL** THE CRITICS

"A STORY AS INGENIOUS AS IT IS HILARIOUS
ONE OF THE BEST COMEDIES TO COME TO
LONDON FOR A LONG TIME"

FINANCIAL TIMES

LOOT

NEW COMEDY
BY
JOE ORTON

G TUESDAY NOVEMBER 1ST

ERTAINING, SO AMUSING
LARIOUS" "IT'S ONE OF
HOST ENTERTAINING AND
RIOUS PLAYS I'VE SEEN
OR YEARS"

B.B.C. CRITICS

NG NOW, FIRST NIGHT AT 7·30, EVGS.8·15, THURS&SATS 6&8·45

AMBASSADORS THEATRE

Gary Oldman dans *Prick Up Your Ears* de Stephen Frears

1979-1988 : Mini-dico du ciné britannique

A

ANDERSON Lindsay (1920) – Théâtre, TV, cinéma – *Everyday Except Christmas* (1957) – *This Sporting Life* (1963) – *If...* (1969) – *O Lucky Man* (1973) – *Britannia Hospital* (1982) – *The Whales of August* (US, 1987).

ANDERSON Michael (1923) – *Waterfront* (1950) – *Night Was Our Friend* (1952) – *The Dambusters* (1954) – *Around the World in 80 Days* (1956) – *Yangtse Incident* (1957) – *Shake Hands With the Devil* (1959) – *All the Fine Young Cannibals* (1960) – *Operation Crossbow* (1964) – *The Quiller Memorandum* (1966) – *The Shoes of the Fisherman* (1968) – *Pope Joan* (1972) – *Logan's Run* (1976) – *Orca Killer Whale* (1977) – *Bells* (1981) – *The Jeweller's Shop* (1988).

APTED Michael (1941) – *Triple Echo* (1972) – *Stardust* (1974) – *The Squeeze* (1977) – *Agatha* (1978) – *The Coal Miner's Daughter* (US, 1980) – *P'tang, Yang, Kipperbang* (1980) – *Continental Divide* (1981) – *Gorky Park* (1983) – *First Born* (1984) – *Bring on the Night* (US, 1985) – *Gorillas in the Mist* (1987).

ATTENBOROUGH Richard (sir) (1923) – Réalisateur, comédien, producteur – *O What a Lovely War* (1969) – *Young Winston* (1972) – *A Bridge Too Far* (1977) – *Magic* (1978) – *Gandhi* (1982) – *A Chorus Line* (US, 1985) – *Cry Freedom* (1987).

B

BAYLY Stephen (US, 1942) – *Smile Until I Tell You to Stop* (1980) – *Joni Jones* (1982) – *And Pigs Might Fly* (1983) – *Melies Revisited* (1984) – *The Works* (1984) – *Coming Up Roses* (1985) – *The Falcon's Malteser* (1988) – *Just Ask for Diamond* (1989).

BENNETT Alan (1934) – Auteur dramatique et scénariste TV et cinéma – *Me, I'm Afraid of Virginia Woolf* (1978) – *The Old Crowd* (1979) – *An English Man Abroad* (1983) – *A Private Function* (1984) – *The Insurance Men* (1985) – *Prick Up Your Ears* (1987).

BENNETT Edward (1950) – *Hogarth* (1976) – *The Life Story of Baal* (1978) – *Four Questions About Art* (1979) – *Ascendancy* (1982) – *Flying into the Wind* (1983).

BOKOVA Jana (Tchécoslovaquie, 1946) – Documentaires et fiction – *Militia Battlefield* (1973) – *Marika and Marevna* (1978) – *I Look Like This* (1979) – *Dallas the Big Store* (1981) – *Sunset People* (1983) – *Tango Mio* (1985) – *Hôtel du Paradis* (1987).

BOLT Robert (1924) – Scénariste – *Lawrence of Arabia* (1962) – *Doctor Zhivago* (1965) – *A Man for all Seasons* (1966) – *Ryan's Daughter* (1970) – *Lady Caroline Lamb* (1973, réalisateur) – *The Bounty* (1984) – *The Mission* (1986) – *Too Late to Stop* (1988).

BOORMAN John (1933) – TV, cinéma – *Catch Us If You Can* (1965) – *Point Blank* (1967) – *Duel dans le Pacifique* (1968) – *Leo the Last* (1970) – *Delivrance* (1972) – *Zardoz* (1974) – *L'Hérétique* (1977) – *Excalibur* (1980) – *The Emerald Forest* (1985) – *Hope and Glory* (1987) – *Getting Ready* (1988).

BRIDGES Alan (1927) – Nombreux films TV – *The Hireling* (1973) – *Very Like a Whale* (1980) – *The Return of the Soldier* (1982) – *The Shooting Party* (1984) – *Pudden Head Wilson* (US, 1984) – *Apt Pupil* (1987).

BROOK Peter (1925) – Théâtre et cinéma – *The Beggar's Opera* (1953) – *Moderato Cantabile* (1960) – *Lord of the Flies* (1963) – *Marat-Sade* (1967) – *Tell Me Lies* (1968) – *King Lear* (1971) – *Meetings With Remarkable Men* (1979) – *The Tragedy of Carmen* (1983) – *Mahabharata* (1988-89).

BROWNLOW Kevin (1938) – Monteur, cinéaste (associé à Andrew Mollo), historien de cinéma, producteur TV avec David Gill – *It Happened Here* (1964) – *Winstanley* (1975) – *Hollywood the Silent Years* (1980) – *Unknown Chaplin* (1982).

C

CLARKE Alan (1935) – *Penda's Fen* (1974) – *Scum* (1976) – *Beloved Enemy* (1981) – *Psy Warrior* (1982) – *Made in Britain* (1983) – *The Contract* (1985) – *Christine* (1986) – *Billy the Kid* (1986) – *Rita Sue and Bob Too* (1987).

COX Alex (1955) – *Repo Man* – *Sid and Nancy* (1986) – *Straight to Hell* (1986) – *Walker* (1987).

CLAYTON Jack (1921) – *The Bespoke Overcoat* (1956) – *Room at the Top* (1958) – *The Innocents* (1961) – *The Pumpkin Eater* (1964) – *Our Mother's House* (1968) – *The Great Gatsby* (1974) – *Something Wicked this Way Comes* (1983) – *The Lonely Passion of Judith Hearne* (1987).

D

DONNER Clive (1926) – *The Secret Place* (1956) – *Some People* (1963) – *The Caretaker* (1964) – *Nothing but the Best* (1965) – *What's New Pussy Cat* (1966) – *Oliver Twist* (1982) – *To Catch a King* (1983) – *A Christmas Carol* (1984) – *Stealing Heaven* (1988).

DUFFELL Peter (1924) – *England Made Me* (1972) – *Inside Out* (1975) – *Caught on a Train* (1980) – *Experience Preferred But Not Essential* (1982) – *Far Pavilions* (1984) – *Les Louves (Letters to an Unknown Lover)* (1985) – *Last Bus to Woodstock* (1987).

DWOSKIN Steve (US, 1939) – Nombreux courts métrages et longs métrages expérimentaux – *Dyn Amo* (1972) – *Death and Devil* (1973) – *Behindert* (1974) – *Central Bazaar* (1976) – *Silent Cry* (1977) – *Outside In* (1981) – *Shadows from Light* (1983) – *Ballet Black* (1986) – *Further and Particular* (1988).

E

EYRE Richard (1943) – Théâtre, TV, cinéma – *Comedians* (1979) – *The Imitation Game* (1980) – *The Beggar's Opera* (1982) – Cinéma: *The Ploughman's Lunch* (1983) – *Loose Connections* (1983) – *Laughter House* (1984) – *Tumbledown* (1988).

F

FORSYTH Bill (1949) – *The Legend of Los Tayos* (1977) – *That Sinking Feeling* (1979) – *Gregory's Girl* (1980) – *Andrina* (1981) – *Local Hero* (1983) – *Comfort and Joy* (1984) – *Housekeeping* (1987).

FRANCIS Karl (1943) – *Above Us the Earth* (1979) – *Afternoon of War (The Mouse and the Woman)* (1980) – *Giro City* (1982) – *The Happy Alcoholic* (1984) – *Boy Soldier* (1986).

FREARS Stephen (1941) – Théâtre, TV, cinéma – TV: *Me! I'm Afraid of Virginia Woolf!* (1978) – *Bloody Kids* (1979) – *Walter* (1982) – *Saigon, Year of the Cat* (1983) – *Song of Experience* (1986) – Cinéma: *Gumshoe* (1971) – *The Hit* (1984) – *Prick Up Your Ears* (1986) – *Samie and Rosie Get Laid* (1987) – *Liaisons dangereuses* (1988) – *The Grifters* (1989).

G

GILLIAM Terry (US, 1940) – Co-réal.: *Monty Python and the Holy Grail* (1975) – *Jabberwocky* (1976) – Réal.: *Time bandits* (1981) – *Brazil* (1985) – *The Adventures of Baron Munchhausen* (1989).

GODDARD Jim (1936) – *The Blackstuff* (1978) – *Parker* (1984) – *Hitler's SS : Portrait in Evil* (1985) – *Shanghai Surprise* (1986).

GOLD Jack (1930) – Nombreux films TV et cinéma – *The Bofor Guns* (1968) – *The Naked Civil Servant* (1976) – *Man Friday* (1977) – *The Sailor's Return* (1978) – *Praying Mantis* (1982) – *Sakharov* (1983) – *The Chain* (1984) – *Murrow* (1985).

GREENAWAY Peter (1942) – Nombreux courts et longs métrages – *A Walk Through H* (1978) – *Vertical Features Remake* (1979) – *The Falls* (1980) – *Act of God* (1981) – *The Draughtsman's Contract* (1982) – *Making a Splash, Bathrooms* (1983) – *A Zed and Two Noughts* (1985) – *The Belly of an Architect* (1987) – *Drowning by Numbers* (1988).

GREGG Colin (1947) – Cinéma, TV – *Begging the Ring* (1978) – *The Trespasser* (1981) – *Remembrance* (1982) – *To the Lighthouse* (1983) – *Lamb* (1985) – *We Think the World of You* (1988).

H

HAMILTON Guy (1922) – *The Ringer* (1952) – *The Intruder* (1953) – *An Inspector Calls* (1954) – *Charley Moon* (1955) – *A Touch of Larceny* (1959) – *The Best of Enemies* (1960) – *Goldfinger* (1964) – *Funeral in Berlin* (1966) – *Battle of Britain* (1968) – *Diamonds Are for Ever* (1971) – *Live and Let Die* (1973) – *The Man With the Golden Gun* (1974) – *The Mirror Cracked* (1980) – *Evil under the Sun* (1981) – *Remo Williams* (1988).

HARE David (1947) – Auteur dramatique, scénariste et réalisateur – Scénarios : *Saigon, Year of the Cat* (1983) – *Plenty* (US, 1985) – Réal. : *Licking Hitler* (TV, 1977) – Cinéma : *Wetherby* (1985) – *Paris by Night* (1988) – *Strapless* (1988-89).

HENSON Jim (US, 1937) – *The Muppet Movie* (co. J. Frawley, 1979) – *The Great Muppet Caper* (1981) – *The Dark Crystal* (1982) – *Labyrinth* (1986).

HOUGH John (1941) – Cinéma et TV (réalise notamment certains épisodes de *The Avengers*/Chapeaux melons et bottes de cuir – *Wolfshead* (1969) – *Eyewitness* (1970) – *Treasure Island* (1972) – *Escape to Witch mountain* (1974) – *Incubus* (1980) – *Triumph of a Man Called Horse* (1981) – *The Black Arrow* (1984) – *Biggles* (1986) – *American Gothic* (1987) – *A Hazard of Hearts* (1988).

HUDSON Hugh (1936) – Nombreux films de pub et commande – *Fangio* (1976) – *Chariots of Fire* (1981) – *Greystoke* (1984) – *Revolution* (1985) – *Rocket* (1988).

I

IVORY James (1928, US) — Nombreux films aux Indes, aux Etats-Unis et en Grande-Bretagne, dont: *The Householder* (1963) — *Shakespeare Wallah* (1965) — *The Guru* (1969) — *Savages* (1972) — *Autobiography of a Princess* (1973) — *The Wild Party* (1974) — *Roseland* (1977) — *The Europeans* (1979) — *Quartet* (1981) — *Heat and Dust* (1983) — *The Bostonians* (1984) — *A Room With a View* (1985) — *Maurice* (1987).

J

JARMAN Derek (1942) — Nombreux courts et longs métrages, vidéos et films. (Par ailleurs décorateur, notamment pour Ken Russell.) — *Sebastiane* (1975) — *Jubilee* (1977) — *The Tempest* (1979) — *Imagining October* (1984) — *The Angelic Conversation* (1985) — *Caravaggio* (1986) — *The Last of England* (1987).

JOFFÉ Roland (1945) — TV et cinéma — *The Spongers* (1975) — *No Mama No* (1978) — *'Tis a Pity She's a Whore* (1979) — *United Kingdom* (1980) — Cinéma: *The Killing Fields* (1984) — *The Mission* (1986) — *La Cité de la joie* (1988).

JONES Terry (1942) — Comédien, scénariste, réalisateur — Co-réal.: *Monty Python and the Holly Grail* (1975) — *The Life of Brian* (1979) — *The Meaning of Life* (1983) — *Personal Services* (1987) — *Erik the Viking* (1988) — Scénario: *Labyrinth* (1986).

JORDAN Neil (Irlande, 1951) — Scénariste et réalisateur — Sc.: *Travellers* (Réal.: Joe Comerford, 1981) — Réal.: *Angel* (1982) — *The Company of Wolves* (1984) — *Mona Lisa* (1986) — *High Spirits* (1988).

K

KANIEVSKA Marek (1949) — TV et cinéma, films de commande — A travaillé sur les séries *Coronation Street, Shoe String, Muck and Bars*, etc. — En Australie: *Mattlock Police* — *The First Day* (1981) — Cinéma: *Another Country* (1985) — *Less than Zero* (1987).

L

LEAN David (1908) — Monteur, puis réalisateur — *Brief Encounter* (1945) — *Great Expectations* (1946) — *Oliver Twist* (1948) — *Bridge over the River Kwai* (1957) — *Lawrence of Arabia* (1962) — *Doctor Zhivago* (1965) — *Ryan's Daughter* (1970) — *A Passage to India* (1983) — *Nostromo* (1988).

LEIGH Mike (1943) − Comédien, metteur en scène, auteur TV, théâtre et cinéma − Cinéma : *Bleak Moments* (1972) − TV : *Hard Labour* (1973) − *Nuts in May* (1975) − *Who's Who* (1978) − *Grown Ups* (1980) − *Goose Pimples* (1981) − *Meantime* (1983) − *Four Days in July* (1986) − *High Hopes* (1988).

LESTER Richard (US, 1932) − *The Running Jumping and Standing Still Film* (court métrage, 1960) − *A Hard Day's Night* (1964) − *Help!* (1965) − *The Knack* (1965) − *A Funny Thing Happened on the Way to the Forum* (1966) − *How I Won the War* (1967) − *Petulia* (1968) − *The Bed Sitting-Room* (1969) − *The Three Musketeers* (1973) − *The Four Musketeers* (1974) − *Juggernaut* (1974) − *Royal Flash* (1975) − *Robin and Marion* (1976) − *Butch and Sundance* (1979) − *Cuba* (1980) − *Superman II* (1981) − *Superman III* (1983) − *Finders Keepers* (1984, US).

LOACH Kenneth (1936) − Cinéma et TV − TV : *The Diary of a Young Man* (1964) − *Up the Junction* (1965) − *Cathy Come Home* (1966) − *In Two Minds* (1967) − *After a Lifetime* (1971) − *Days of Hope* (1975) − *The Price of Coal* (1977) − *The Gamekeeper* (1979) − *A Question of Leadership* (doc., 1981) − *Which Side Are You On?* (doc., 1984) − Cinéma : *Poor Cow* (1967) − *Kes* (1969) − *Family Life* (1971) − *Black Jack* (1979) − *Looks and Smiles* (1981) − *Fatherland* (1986) − *Fools of Fortune* (1988).

LONCRAINE Richard (1946) − Cinéma et TV − TV : *Full Circle* (1978) − *Secret Orchards* (1979) − *Brimstone and Treacle* (1982) − *Limousine* (1986) − Cinéma : *The Missionary* (1983) − *Bellman and True* (1987).

M

MACKENZIE John (1932) − Nombreux films pour la télévision et le cinéma − Cinéma : *The Long Good Friday* (1979) − *The Honorary Consul* (1983) − *The Innocent* (1984) − *The Fourth Protocol* (1987).

MAYERSBERG Paul (1941) − Comme scénariste : *The Man Who Fell to Earth* (N. Roeg, 1976) − *Merry Christmas Mr. Lawrence / Furyo* (N. Oshima, 1983) − Réalisateur et scénariste : *Captive* (1985).

McMULLEN Ken (1948) − Scénariste et réalisateur − *Résistance* (Co-réal. Chris Rodrigues, 1976) − *Being and Doing* (1982) − *Ghost Dance* (1983) − *Zina* (1985) − *Partition* (1987).

MORAHAN Christopher (1929) − Théâtre, TV et cinéma − *Talking to a Stranger* (1966) − *The Gorge* (1968) − *The Jewel In the Crown* (1984) − *In the Secret State* (1985) − Cinéma : *Clockwise* (1986) − *Troubles* (1988).

MOWBRAY Malcolm (1949) − Scénariste et réalisateur − *Path of the Weft* (NFS, 1975) − *Capital City* (court métrage, 1979) − TV : *Hanging Around* (1977) − *Days at the Beach* (1980) − *Our Winny* (1982) − Cinéma : *A Private Function* (1985) − *Stiffs* (1987).

N

NEAME Ronald (1911) – *The Horse's Mouth* (1958) – *Tunes of Glory* (1960) – *The Prime of Miss Jean Brodie* (1968) – *Scrooge* (1970) – *The Poseidon Adventure* (1972) – *Hopscotch* (1980) – *First Monday of October* (US, 1981) – *Foreign Body* (1985).

NEWELL Mike (1942) – Cinéma et TV – *Destiny* (1978) – *The Awakening* (1980) – *Bad Blood* (1981) – *Dance With a Stranger* (1984) – *The Good Father* (1986) – *Amazing Grace and Chuck* (1987) – *Sour Sweet* (1988).

O

O'BRIEN Jim (1947) – Théâtre, TV, cinéma. Pour la télévision, il réalise notamment *Jewel in the Crown* (1982) et *The Monocled Mutineer* (scénario d'Alan Bleadale, 1986) – *The Dressmaker* (1988).

O'CONNOR Pat (Irlande, 1943) – *The Ballroom of Romance* (1982) – *One of Ourselves* (1983) – *Cal* (1984) – *A Month in the Country* (1987) – *Stars and Bars* (US, 1988).

P

PARKER Alan (1944) – Scénariste, réalisateur – *Footsteps* (1973) – *Bugsy Malone* (US, 1975) – *Midnight Express* (US, 1977) – *Fame* (US, 1979) – *Shoot the Moon* (US, 1981) – *Pink Floyd the Wall* (1982) – *Birdy* (US, 1984) – *Angel Heart* (US, 1986) – *Aria* (1987).

PETIT Christopher (1949) – Critique, scénariste, réalisateur – *Radio On* (1979) – *An Unsuitable Job for a Woman* (1981) – *Flight to Berlin* (1983) – *Chinese Boxes* (1984).

PINTER Harold (1930) – Auteur dramatique, scénariste, réalisateur – Scénarios : *The Caretaker* (1963) – *The Servant* (1964) – *The Pumpkin Eater* (1964) – *The Quiller Memorandum* (1966) – *Accident* (1967) – *The Go-Between* (1971) – *The Last Tycoon* (US, 1976) – *The Proust Screenplay* (publication : 1977 ; non tourné) – *The French Lieutenant's Woman* (1981) – *Betrayal* (1982) – *Turtle Diary* (1985) – Réal. : *Butley* (Simon Gray, 1973).

POLIAKOFF Stephen (1952) – Auteur dramatique, scénariste, réalisateur – *Caught on a Train* (1980) – *Bloody Kids* (1979) – *Runners* (1983) – Cinéma : *Hidden City* (Réal. Scénario, 1987).

POTTER Denis (1935) − Scénariste cinéma et TV − Films et séries : *Pennies from Heaven* (1978) − *Blue Remembered Hills* (1979) − *Rain on the Roof* (A. Bridges, 1980) − *Cream in My Coffee* (G. Millar, 1980) − *Blade on the Feather* (R. Loncraine, 1981) − *Dreamchild* (Gavin Millar 1985) − *The Singing Detective* (1986) − *Track 29* (N. Roeg, 1988).

Q

QUAY Steve et Tim (US, 1947) − Graphistes, illustrateurs et cinéastes d'animation − Courts métrages : *Nocturna Artificiala* (1979) − *The Eternal Day of Michel de Ghelderode* (1981) − *Ein Brudermord* (1981) − *Leos Janacek : Ultimate Excursion* (1983) − *Igor, the Paris Years* (1983) − *This Unnameable Little Broom* (1985) − *Street of Crocodiles* (1986).

R

RADFORD Michael (1946) − TV, cinéma − *A Cold Night* (NFS, 1974) − *The Madonna and the Volcanno* (1977) − *The Last Stronghold of Pure Gospel* (1978) − *Van Morisson* (1979) − *The White Bird Passes* (1979) − *La Belle Isobel* (1980) − *Another Time, Another Place* (1982) − *1984* (1984) − *Lola* (1985) − *White Mischief* (1987) − *Slow Train to Milan* (1988).

REISZ Karel (Tchécoslovaquie, 1926) − Théâtre, cinéma − *Momma Don't Allow* (1956) − *We Are the Lambeth Boys* (1959) − *Saturday Night and Sunday Morning* (1961) − *Morgan* (1965) − *Isadora* (1968) − *The Gambler* (US, 1974) − *Dog Soldiers* (US, 1978) − *The French Lieutenant's Woman* (1981) − *Sweet Dreams* (US, 1985).

RICHARDSON Tony (1928) − Metteur en scène de théâtre et de cinéma, producteur − *Look Back in Anger* (1959) − *The Entertainer* (1960) − *A Taste of Honey* (1961) − *The Loneliness of the Long Distance Runner* (1962) − *Tom Jones* (1963) − *The Loved One* (US, 1965) − *The Sailor of Gibraltar* (1967) − *The Charge of the Light Brigade* (1968) − *Ned Kelly* (1969) − Hamlet (1970) − *A Delicate Balance* (1973) − *Joseph Andrews* (1977) − *The Border* (1981) − *The Hotel New Hampshire* (1984) − *A Shadow on the Sun* (1988).

RODDAM Frank (1941) − Cinéma et TV, aux Etats-Unis et en Grande-Bretagne − *Birthday* (court métrage, 1970) − *Quadrophenia* (1978) − *The Lords of Discipline* (1982) − *The Bride* (1985) − *Aria* (1987) − *War Party* (1988).

ROEG Nicholas (1923) − Chef opérateur, puis réalisateur − *Performance* (1968) − *Walkabout* (1971) − *Don't Look Now* (1973) − *The Man Who Fell to Earth* (1976) − *Bad Timing* (1980) − *Eureka* (1982) − *Insignificance* (1985) − *Castaway* (1986) − *Aria* (1987) − *Track 29* (1988) − *The Witches* (1989).

ROSSO Franco (Italie, 1941) – Cinéma et TV, documentaires et fictions – *Dread Beat and Blood* (doc., 1978) – *Babylon* (1980) – *Ian Dury* (doc., 1983) – *A Boxer's Tale* (doc., 1985) – *The Nature of the Beast* (1988).

RUSSELL Ken (1927) – Réalisateur de TV et de cinéma – TV : *Elgar* (1962) – *The Debussy Film* (1965) – *Dance of the Seven Veils* (1969) – *The Rime of the Ancient Mariner* (1978), etc. – Cinéma : *French Dressing* (1965) – *Women in Love* (1969) – *Music Lovers* (1970) – *The Devils* (1971) – *Savage Messiah* (1972) – *Mahler* (1974) – *Lisztomania* (1975) – *Tommy* (1975) – *Altered States* (US, 1979) – *Crime of Passion* (US, 1984) – *Gothic* (1986) – *Salome's Last Dance* (1988) – *The Lair of the White Worm* (1988-89).

S

SAVILLE Philip (1929) – Acteur, théâtre, TV, cinéma – *The Machine Stops* (1964) – *Œdipus the King* (1968) – *The Best House in London* (1969) – *Secrets* (1972) – *Shadey* (1985) – *The Fruit Machine* (1988).

SCHLESINGER John (1926) – Comédien, puis réalisateur et producteur – *Terminus* (court métrage, 1961) – *Billy Liar* (1963) – *Darling* (1965) – *Far From the Madding Crowd* (1967) – *Midnight Cowboy* (US, 1969) – *Sunday Bloody Sunday* (1971) – *The Day of the Locust* (US, 1974) – *Marathon Man* (US, 1976) – *Yanks* (1978) – *Honky Tonk Freeway* (1981) – *An Englishman Abroad* (BBC, 1983) – *The Falcon and the Snowman* (1985) – *The Believers* (1986) – *Madame Souzatska* (1988).

SCOTT Ridley (1939) – Réalisateur et producteur de films publicitaires et de longs métrages cinéma – *Duellists* (1976) – *The Alien* (1978) – *Blade Runner* (1982) – *Legend* (1984) – *Someone to Watch Over Me* (1987).

SKOLIMOWSKI Jerzy (Pologne, 1930) – *Deep End* (1970) – *The Shout* (1978) – *Moonlighting* (1982) – *Success is the Best Revenge* (1984) – *The Lightship* (1985).

STOPPARD Tom (Tchécoslovaquie, 1937) – Auteur dramatique et scénariste – *The Engagement* (1970) – *The Romantic English Woman* (1975) – *Despair* (1978) – *The Human Factor* (1979) – *Brazil* (1985) – Réal. : *Rosencrantz and Guilderstern are dead* (1987).

STURRIDGE Charles (1951) – Acteur, théâtre, cinéma, TV. (Il réalise notamment *Brideshead Revisited* pour Granada.) – *Runners* (1982) – *Aria* (1987) – *A Handfull of Dust* (1988).

T

TEMPLE Julian (1953) – Réalisateur de clips vidéo et de longs métrages cinéma – *The Tunnyng of Elinour Rumuyng* (court métrage, 1976) – *The Great Rock and Roll Swindle* (1979) – *The Secret Policeman's Other Ball* (1982) – *Under Cover* (clip avec Mick Jaeger, 1983) – *Man Trap* (1983) – *Absolute Beginners* (1986).

W

WATKINS Peter (1935) – Cinéaste amateur, puis films pour la TV et le cinéma – *Culloden* (1964) – *The War Game* (1966) – *Privilege* (1967) – *The Gladiators* (1969) – *Punishment Park* (US, 1971) – *Edward Munch* (Norvège, 1972) – *The 70's People* (1975) – *The Trap* (1975) – *Aftenlandet* (Norvège, 1980) – *The Journey* (Norvège, 1987 ; série TV).

WELLAND Colin (1934) – Comédien et scénariste – Nombreux scénarios de films et de séries pour la TV et le cinéma – Cinéma : *Yanks* (1978) – *Chariots of Fire* (1981).

WINNER Michael (1936) – *The Girl Getters* (1964) – *Hannibal Brooks* (1968) – *The Nightcomers* (1971) – *Chato's Land* (US, 1972) – *The Mechanic* (1972) – *Death Wish* (1974) – *Death Wish II* (US, 1981) – *The Wicked Lady* (1982) – *Scream for Help* (1983) – *Death Wish III* (1985) – *Appointment With Death* (1987) – *A Chorus of Disapproval* (1988).

WOLLEN Peter (1938) – Scénariste et réalisateur, tous ses premiers films en collaboration avec la Canadienne Laura Mulvey – *Penthesilea* (1974) – *Riddles of the Sphinx* (1977) – *Amy* (1980) – *Crystal Gazing* (1982) – *Frida Kahlo and Tina Modotti* (1983) – *The Bad Sister* (1984) – *Friendship's Death* (1987).

Y

YATES Peter (1929) – Théâtre, cinéma – *One Way Pendulum* (1964) – *Robbery* (1967) – *Bullit* (US, 1968) – *John and Mary* (US, 1969) – *Murphy's War* (1970) – *Breaking Away* (1979) – *Eye Witness* (1980) – *Krull* (1982) – *The Dresser* (1984) – *Eleni* (1985) – *Suspect* (1987).

Index des films

Index des noms

SMITH SAYS: I'M INNOCENT

The People

18-MONTH PROBE

THOMAS DAN SMITH

Wild West madness Down Under

POWELL DON'T KEEP IMMIGRANTS

● SHEEP FARMERS FIGHT MINERS
● MILLIONS MADE OVERNIGHT
● VICE GIRLS STRIKE IT RICH

NOW ITS

Man gambled away benefit

T. Dan Smith.

Bibliographie

CINÉMA

En anglais:

History of the British Film par Rachel Low (6 volumes parus, dont le premier en collaboration avec R. Manvell — Allen & Unwin).

Where We Came in par Charles Oakley (Allen & Unwin, 1964).

A Lifetime of Films par Michael Balcon (Hutchinson, 1969).

A Mirror for England par R. Durgnat (Faber, 1970).

Studies in Documentary par A. Lovell et J. Hillier (S & W, 1972).

Cinema in Britain par I. Butler (Barnes & Tantivy, 1973).

Hollywood, England par A. Walker (Michael Joseph, 1974).

Ealing Studios par Ch. Barr (Cameron & Tayleur, 1977).

A Critical History of British Cinema par Roy Armes (S & W, 1978).

Grierson: a Documentary Biography par F. Hardy (Faber & Faber, 1979).

British Cinema History par J. Curran et V. Porter (Weidenfeld & Nicolson, 1983).

British Films (1971-1981) par Linda Wood (BFI, 1983).

Learning to Dream: the New British Cinema par J. Park (F & F, 1984).

Richard Attenborough: a pictorial film biography par David Castell (Bodley Head, 1984).

Michael Balcon: The Pursuit of British Cinema par G. Brown, L. Kardish (MOMA, N.Y., 1984).

British Cinema Now par M. Auty et N. Roddick (BFI, 1985).

A Night at the Pictures, Collectif (Columbus Books, 1985).

Cinema and State: The Film Industry and The British Government (1927-1984) par Margaret Dickinson, Sarah Street (BFI, 1985).

Money into Light par John Boorman (F & F, 1985).

Scotland in Cinema and TV par Colin McArthur (BFI, 1982-85).

National Heroes par Alexander Walker (Harrap, 1985).

All Our Yesterdays par Charles Barr (BFI, 1986).

A Life in Movies par Michael Powell (Heineman, 1986).

Cinema and Ireland par Kevin Rockett, Luke Gibbons, John Hill, (University of Ulster, 1987).

En français:

Jeune Cinéma britannique par J. Belmans (Serdoc, 1967).
Trente Ans de cinéma britannique par R. Lacourbe et R. Lefèvre (CIB/Cinéma, 1976).
L'Angleterre et son cinéma par O. Barrot et Ph. Pilard *(Cinéma d'aujourd'hui*, n° 11, 1977).
Le Cinéma anglais par F. Buache (L'Age d'Homme, 1978).
John Boorman par M. Ciment (Calmann-Levy, 1985).
Le Livre de Losey par M. Ciment (Réédition Ramsay, 1986).
Peter Greenaway par Ph. Pilard, M. Field, D. Caux et F. de Meredieu (Ed. Dis Voir, 1987).
Découverte et Sauvegarde du cinéma britannique, La Cinémathèque française (1988). Articles de O. Barrot, Jean Douchet, Anne Head, R. Lefèvre, L. Marcorelles, P. Matalon et Claude Guiguet, Jean Mitry, Ph. Pilard, David Robinson (Dossier réuni par B. Dent et M. Snapes).

TÉLÉVISION BRITANNIQUE

Channel 4 : TV With a Difference? par Stephen Lambert (BFI, 1982).
What's This Channel Fo(u)r? par S. Blanchard, D. Morley (Comedia Series, 1982).
The Media in Britain, par Jeremy Turnstall (Constable, 1983).
The Last Days of the Beeb par Michael Leapman (Allen & Unwin, 1986).
The Independent Producer: Film and TV par A. Harcourt, S. Davies, N. Moskovic (Faber & Faber, 1986).

DIVERS

Monty Python: Complete and Utter Theory of Grotesque par John O. Thompson (BIF, 1982).
The Writer in Disguise par Alan Bennett (F & F, 1985).
The Asian Plays par D. Hare (F & F, 1985).
Power plays: Trevor Griffiths in television par M. Poole and J. Wyver (BFI, 1986).
The Last of Britain par D. Jarman (Constable, 1987).
Le Thatchérisme, doctrine et action, collectif dirigé par J. Lerner (Documentation Française, 1984).
La Grande-Bretagne et sa télévision par Andrée Ojalvo (Ed. INA/Champ Vallon, 1988).

Voir aussi séries d'articles sur le cinéma britannique, dans :

Positif : n°s 271, 272, 276, 277, 279. Articles de Mark Le Fanu, Michel Ciment, Alain Masson, J.P. Jeancolas, Vincent Amiel, Paul-Louis Thirard, Hubert Niogret.
La Revue du Cinéma : n°s 251, 297, 307, 312, 328, 348, 358, 359, 388, 393, 436. Articles de Raymond Lefèvre, Pascal Mérigeau, Alain Garel, Philippe Pilard, etc.
Art Press : Mars 1984. Article de Fabrice Revault d'Allonnes.
Jeune Cinéma : n° 158, avril 1984. Dossier cinéma anglais par Bernard Nave.
Cahiers du Cinéma : n° 395/396, mai 1987. Article de I. Katsahnias.

BIBLIOTHEQUE DU CINEMA

LES METIERS DU CINEMA

Parus :

Un homme à la caméra – Nestor Almendros

Les acteurs au travail – Claire Devarrieux

Les scénaristes au travail – Christian Salé

Un siècle de cinéma – Tay Garnett

Gérard Depardieu – Robert Chazal

Bertrand Tavernier – Danièle Bion

René Clair – Olivier Barrot

John Ford – Lindsay Anderson

Martin Scorsese – Jean-Philippe Domecq

Les producteurs – Yonnick Flot

Les scénaristes italiens – Marie-Christine Questerbert

LES CLASSIQUES DU CINEMA

Parus :

Le cinéma français des années 30 – Raymond Chirat
Le cinéma français des années de guerre – Raymond Chirat
Le cinéma allemand 1918-1933 – Freddy Buache
La IVe République et ses films – Raymond Chirat
Hollywood, années 30 – Jean-Loup Bourget
Le cinéma français des années 60 – Freddy Buache
Le nouveau cinéma britannique – Philippe Pilard

Dépôt légal n° 890110, mars 1989

Achevé d'imprimer en février 1989
sur les presses d'Héliographia S.A. Lausanne

Imprimé en Suisse